한자능력검정시험 **철저 분석, 완벽 대비**

기본 충실 족집게 문제 **8급 한자**

KB123234

합격 족집게

*각 장마다 〈한자 게임〉 및
〈꼼꼼히 확인해요〉로 배운 내용 체크

K (주)학은미디어

한자능력검정시험은?

우리말 어휘의 70%를 차지하는 한자어의 깊고 바른 이해와 전통 문화의 계승, 한·중·일 한자 문화권에서의 바른 정체성 확립을 목표로 한자에 대한 관심을 확산, 심화시키기 위하여 한국어문회가 주관하고 한국한자능력검정회가 시행하는 종합적인 한자 능력 측정 시험입니다.

8급부터 특급까지 모두 15급수의 시험을 일 년에 6회 실시합니다. 응시 자격은 연령, 성별, 학력 제한 없이 특급(특급 Ⅱ 포함)을 제외한 모든 급수에 응시할 수 있습니다.

그 밖의 자세한 사항은 한국어문회 홈페이지(www. hanja. re. kr)를 참조하시기 바랍니다.

급수를 따면 어떤 점이 좋을까요?

＊자격 기본법 제27조에 의거, 국가 자격 취득자와 동등한 대우 및 혜택을 받습니다.

＊교육인적자원부 훈령 제616호『학생생활기록부 전산처리 및 관리지침』에 의거 학교생활기록부에 등재, 입시에 활용됩니다.

＊육군 간부 승진 고과에 반영됩니다. (대위~대령/군무원 2급~5급:3급이상, ＊준·부사관/군무원 6급~8급:4급 이상)

＊경제5단체, 신입사원 채용시 전국한자능력검정시험 응시 권고(3급 응시 요건, 3급 이상 가산점)하고 있습니다.

＊2005학년도 대학수학능력시험부터 '漢文'이 선택 과목으로 채택되어 실시되고 있습니다.

＊전국한자능력검정시험의 한자능력급수 취득시 대입 면접 가산점, 학점, 졸업 인증에 반영됩니다.

한자능력검정시험 급수별 수준과 출제 기준

수준 및 특성	공인 급수						교육 급수								
	특급	특급II	1급	2급	3급	3급II	4급	4급II	5급	5급II	6급	6급II	7급	7급II	8급
	국한 혼용 고전을 불편 없이 읽고 연구 할 수 있는 수준 고급	국한 혼용 고전을 불편 없이 읽고 연구 할 수 있는 수준 중급	국한 혼용 고전을 불편 없이 읽고 연구 할 수 있는 수준 초급	상용한자를 활용은 물론 인명 지명용 기초한자 활용 단계	고급 상용한자 활용의 중급 단계	고급 상용한자 활용의 초급 단계	중급 상용한자 활용의 고급 단계	중급 상용한자 활용의 중급 단계	중급 상용한자 활용의 초급 단계	중급 상용한자 활용의 초급 단계	기초 상용한자 활용의 고급 단계	기초 상용한자 활용의 중급 단계	기초 상용한자 활용의 초급 단계	기초 상용한자 활용의 초급 단계	유치원생, 초등학생의 학습동기 부여를 위한 급수
읽기배정한자	5,978	4,918	3,500	2,355	1,817	1,500	1,000	750	500	400	300	225	150	100	50
쓰기배정한자	3,500	2,355	2,005	1,817	1,000	750	500	400	300	225	150	50	0	0	0
독음	45	45	50	45	45	45	32	35	35	35	33	32	32	22	24
훈음	27	27	32	27	27	27	22	22	23	23	22	29	30	30	24
장단음	10	10	10	5	5	5	3	0	0	0	0	0	0	0	0
반의어	10	10	10	10	10	10	3	3	3	3	3	2	2	2	0
완성형	10	10	15	10	10	10	5	5	4	4	3	2	2	2	0
부수	10	10	10	5	5	5	3	3	0	0	0	0	0	0	0
동의어	10	10	10	5	5	5	3	3	3	3	2	0	0	0	0
동음이의어	10	10	10	5	5	5	3	3	3	3	2	0	0	0	0
뜻풀이	5	5	10	5	5	5	3	3	3	3	2	2	2	2	0
약자	3	3	3	3	3	3	3	3	3	3	0	0	0	0	0
한자 쓰기	40	40	40	30	30	30	20	20	20	20	20	10	0	0	0
필순	0	0	0	0	0	0	0	0	3	3	3	3	2	2	2
한문	20	20	0	0	0	0	0	0	0	0	0	0	0	0	0

★상위 급수는 하위 급수 한자를 모두 포함합니다.

★쓰기 배정 한자는 한두 급수 아래의 읽기 배정 한자이거나 그 범위 안에 있습니다.

★초등학생은 4급, 중·고등학생은 3급, 대학생은 2급 이상 취득에 목표를 두고 학습하길 권합니다.

★위에서 권하는 대상은 일반적인 수준을 감안한 참고용입니다. 저마다의 능력에 알맞은 급수를 선택하십시오.

한자능력검정시험 급수별 합격 기준과 시험 시간

	공인 급수						교육 급수								
	특급	특급II	1급	2급	3급	3급II	4급	4급II	5급	5급II	6급	6급II	7급	7급II	8급
출제 문항	200	200	150				100				90	80	70	60	50
합격 문항	160	160	105				70				63	56	49	42	35
시험 시간	100분	90분	60분				50분								

한자 학습 배경지식

왜 한자를 배워야 할까요?

한자(漢字)는 옛날옛날에 중국의 창힐이라는 사람이 새와 짐승의 발자국 모양을 본떠 처음으로 만들었어요.

우리 조상들은 세종 대왕께서 한글을 만들어 내실 때까지 중국의 한자를 빌려서 사용하였고, 그 후로도 한글과 한자를 함께 사용하였어요. 그래서 오늘날 우리가 사용하는 말에는 한자에 바탕을 둔 말이 매우 많아요. 김(金)씨, 이(李)씨, 박(朴)씨, 정(鄭)씨 같은 성(姓)과 이름, 부산(釜山), 인천(仁川), 대전(大田), 광주(光州), 춘천(春川) 같은 지명, 학교(學校), 국민(國民), 연필(鉛筆) 같은 낱말 등 우리말 어휘의 70퍼센트 가량이 한자어이지요.

그러므로 우리의 말과 글을 제대로 잘 사용하려면 한자를 잘 알아야 해요. 특히 우리 조상의 슬기와 지혜를 본받고, 국어를 비롯하여 수학, 과학, 사회 등 여러 과목을 쉽고 재미있게 공부하려면 한자를 꼭 공부해 두어야 한답니다.

한자 학습 배경지식

한자의 세 가지 요소

한자는 각 글자가 다음의 세 가지 요소로 이루어져요.

 한자는 글자마다 일정한 모양, 즉 형(形)을 갖고 있어요.

 ➡ 日

 ➡ 月

 한자는 글자마다 고유한 뜻, 즉 의(意)를 가지고 있어요. 훈(訓)이라고도 해요.

 ➡ 日 ➡ 날(해)

 ➡ 月 ➡ 달

 한자는 모양도 가지가지이지만 글자마다 일정한 소리, 즉 음(音)을 가지고 있어요.

 ➡ 日 ➡ 날(해) ➡ 일

 ➡ 月 ➡ 달 ➡ 월

한자 학습 배경지식

한자를 쓰는 순서, 필순

한자를 쓰는 순서를 필순(筆順)이라고 해요. 필순에 맞게
쓰면 글씨도 쉽게 잘 써지고 글자의 모양도 아름다워요.

 1 위부터 아래로 써 내려가요.

2 왼쪽부터 오른쪽으로 써 나가요.

3 가로획부터 써요.

4 꿰뚫은 획은 맨 나중에 써요.

한자 학습 배경지식

5 글자의 모양이 왼쪽과 오른쪽이 비슷할 때는 가운데 획을 먼저 써요.

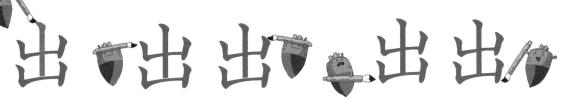

6 둘레부터 써요.

7 삐침은 파임보다 먼저 써요.

8 오른쪽 위의 점은 맨 나중에 써요.

犬　犬　犬　犬

9 받침은 맨 나중에 써요.

한자를 만드는 원리, 육서

한자는 그 수가 5만 가량이나 되지만, 각 글자가 어떻게 만들어졌는지 꼼꼼히 살펴보면 여섯 가지 방법 가운데 한 가지 방법으로 만들어졌음을 알 수 있습니다. 한자를 만드는 이 여섯 가지 원리를 **육서(六書)**라고 해요.

1 상형(象形) 구체적인 사물의 모양을 본떠서 만드는 방법으로 한자 구성의 가장 기본이 됩니다.

2 지사(指事) 모양을 본뜨기가 어려운 생각이나 뜻을 점이나 선 같은 부호로 나타내는 방법입니다.

3 회의(會意) 이미 만들어진 두 개 이상의 글자를 뜻으로 결합하여 새로운 글자를 만들어 내는 방법입니다. 뜻 + 뜻

女 + 子 ▶ 좋을 호(好)

人 + 木 ▶ 쉴 휴(休)

4 **형성**(形聲) 이미 만들어진 글자 중에서 어떤 글자에서는 뜻을, 어떤 글자에서는 소리를 가져와 결합하여 새로운 글자를 만들어 내는 방법으로 한자의 90% 정도가 이 형성 문자입니다.

물을 문(問)　⟹　口(뜻) + 門(소리)

기둥 주(柱)　⟹　木(뜻) + 主(소리)

기록할 기(記)⟹　言(뜻) + 己(소리)

마을 촌(村)　⟹　木(뜻) + 寸(소리)

5 **전주**(轉注) 이미 만들어진 글자의 본래 음이나 뜻을 완전히 다른 음과 뜻으로 바꿔 쓰는 방법입니다.

내릴 강(降)　⟹　항복할 항　＊降伏(항복)

석 삼(參)　⟹　참석할 참　＊參席(참석)

악할 악(惡)　⟹　미워할 오　＊嫌惡(혐오)

6 **가차**(假借) 원래의 뜻과는 상관없이 비슷하거나 같은 글자를 빌려 쓰는 방법입니다. 소리나 모양을 흉내 내는 말이나 한자어가 아닌 글자, 특히 외래어 같은 말에 사용합니다.

아세아(亞細亞)　⟹　아시아(Asia)

인도(印度)　⟹　인디아(India)

자전에서 글자를 찾는 길잡이, 부수

한자는 모두 5만 자 가량 되지만 214개의 부수(部首)로 나누어져요. 그러므로 어떤 한자를 한자 사전(자전)에서 찾을 때 부수를 이용하면 쉽게 찾을 수 있어요. 부수는 놓이는 자리에 따라 다음의 8가지로 나누어져요.

변 邊 부수가 글자의 왼쪽에 있는 것

亻/人	사람인변, 사람인	仁 代 信 他
木	나무목변	村 林 松 校
言	말씀언변	計 記 訪 說

방 傍 부수가 글자의 오른쪽에 있는 것

| 刂/刀 | 선칼도방, 칼 도 | 別 前 利 到 |
| 阝/邑 | 우부방, 고을 읍 | 部 郡 都 |

머리 부수가 글자의 머리에 있는 것

| 宀 | 갓머리 | 安 官 宮 完 |
| 雨 | 비우 | 雲 雪 電 露 |

발 부수가 글자의 밑에 있는 것

儿　어진사람인발　　　兄 光 先 充

灬 / 火　불화발, 불 화　　烏 烈 然 無

엄 부수가 위와 왼쪽을 덮고 있는 것

尸　　주검시엄　　　尺 尾 居 屋

虍　　범호　　　虎 虛 處 號

받침 부수가 왼쪽과 밑을 싸고 있는 것

辶　　책받침　　　遠 近 迎 道

廴　　민책받침　　　建 廷

몸 부수가 글자를 에워싸고 있는 것

門　　문 문　　　間 開 閉 閏

囗　　큰입구몸, 에울 위　　國 四 回

제
부수 한 글자가 그대로 부수인 것

金 馬 鳥

한자 학습 배경지식

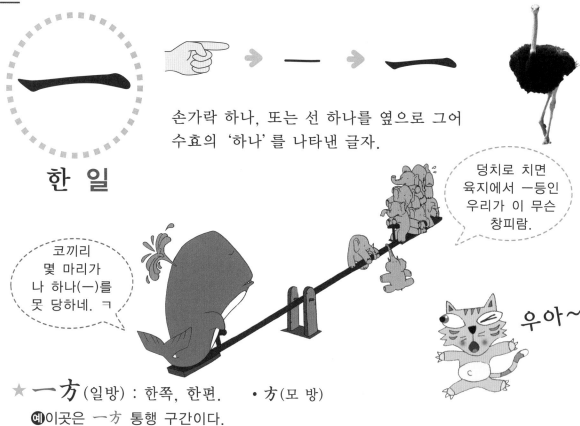

손가락 하나, 또는 선 하나를 옆으로 그어
수효의 '하나'를 나타낸 글자.

한 일

★ 一方(일방) : 한쪽, 한편.　　• 方(모 방)
예이곳은 一方 통행 구간이다.

★ 統一(통일) : 여럿을 모아서 하나의 조직이나 체계 아래로 모이게 함.
예우리의 소원은 남북 統一.　　• 統(통솔 통)

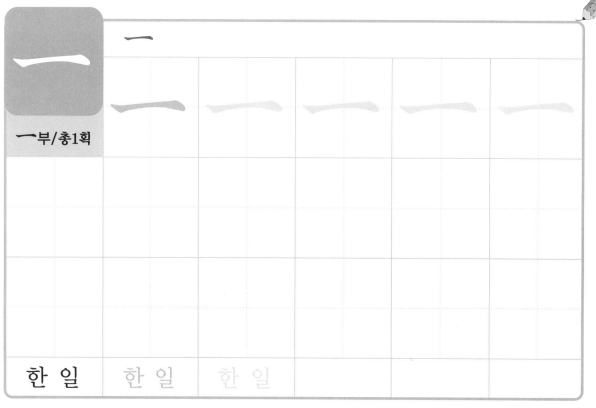

一부/총1획

한 일

두 이

손가락 둘, 또는 선 둘을 옆으로 그어
'둘' 을 나타낸 글자.

우리는 쌍둥이.
둘이서 사이좋게
지낸답니다.

★ 二重(이중) : 두 겹. 두 번 거듭됨.   • 重(무거울 중)

ⓔ요금을 二重으로 냈다.

★ 一口二言(일구이언) : 한 입으로 두 말 한다, 즉 말을 이랬다저랬다 함.

ⓔ사내 대장부가 一口二言을 하다니요.   • 口(입 구)   • 言(말씀 언)

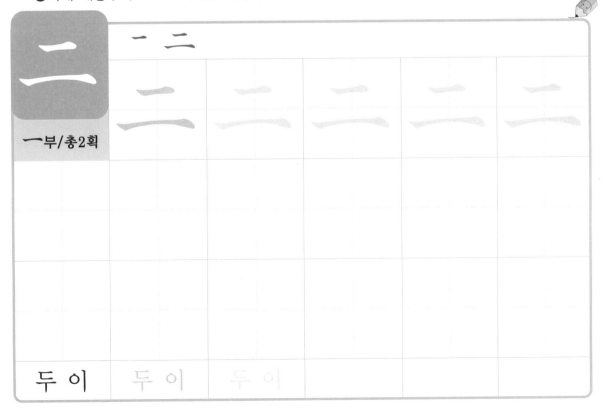

二	一 二				
一부/총2획	二	二	二	二	二
두 이	두 이	두 이			

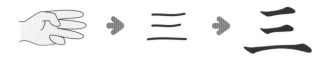

손가락 셋을 펼친 모양. 一과 二를 합쳐
'셋'을 나타낸 글자.

석 삼

개굴개굴
개구리 셋.

꼬물꼬물
올챙이 셋.

★ 三國(삼국) : 신라·백제·고구려의 세 나라.　　　• 國(나라 국)
　例신라의 진흥왕은 三國을 통일했다.

★ 三面(삼면) : 세 방면.　　　• 面(낯 면)
　例우리나라는 三面이 바다로 둘러싸인 반도국이다.

三 一 부/총3획	一 二 三				
	三	三	三	三	三
석 삼	석 삼	석 삼			

three [θríː 스리이] 셋. 3

四

넉 사

나라의 경계를 동·서·남·북으로 나눈
데서 '넷'을 나타낸 글자.

> 엄마,
> 잘 다녀올게요.

> 하나, 둘, 셋,
> 넷.
> 四(넉 사)!

★ 四季(사계) : 봄·여름·가을·겨울의 네 계절. • 季(계절 계)
ㄟ四季의 구별이 뚜렷한 온대 기후.

★ 四肢(사지) : 두 팔과 두 다리. • 肢(수족 지)
ㄟ四肢가 멀쩡한데 구걸을 하러 다니다니……

四	丨 冂 冂 四 四				
口부/총5획	四	四	四	四	四
넉 사	넉 사	넉 사			

다섯 오

다섯은 음과 양이 엇갈리는 수라 하여 하늘과
땅 사이에서 엇갈리게 모양을 나타낸 글자.

날아라 새들아
푸른 하늘을
달려라 냇물아
푸른 벌판을

오월은 푸르구나
우리들은 자란다
오늘은 어린이날
우리들 세상.

★ 五目 (오목) : 바둑판에 다섯 개의 돌을 줄지어 놓으면 이기는 놀이. •目(눈 목)
예동생이랑 五目을 두며 놀았다.

★ 五味 (오미) : 신맛·쓴맛·짠맛·매운맛·단맛의 다섯 가지 맛.   •味(맛 미)
예오미자는 五味가 있다고 해서 붙은 이름이다.

五 二부/총4획	一 丁 五 五				
	五	五	五	五	五
다섯 오	다섯 오	다섯 오			

六

여섯 륙

두 손의 손가락을 세 개씩 펴 서로 맞댄 모양에서
여섯을 나타냄.

오호호,
귀여운 나의
아기들 여섯.

삐악 삐악,
우리는
사이좋은
육남매.

★ 六二五(육이오) : 6 · 25 전쟁.
  예1951년 6월 25일, 六二五가 일어났다.

★ 六十(육십) : 예순.　　• 十(열 십)
  예나이가 六十인데도 정정하다.

六	` ㅗ ナ 六				
八부/총4획	六	六	六	六	六
여섯 륙	여섯 륙	여섯 륙			

six[síks 씩스] 여섯, 6

*六이 낱말의 첫머리에 올 경우에는 두음 법칙에 따라 '육'으로 읽어요.
또한 ~월로 쓰일 경우에는 '유월'이라고 읽어요.

열 십(十)의 내리긋는 획을 세 번 구부려,
10에서 3을 뺀 일곱을 나타냄.

일곱 칠

★ 七夕 (칠석) : 음력 7월 7일. 견우와 직녀가 오작교에서 만난다고 함.
예단오, 칠월 七夕 같은 우리 고유의 명절이 잊혀지고 있다.　　　• 夕(저녁 석)

★ 北斗七星 (북두칠성) : 큰곰자리의 일곱 개 별.　• 斗(말 두) • 星(별 성)
예국자 모양을 닮은 北斗七星을 찾아보세요.

七	一 七					
一부/총2획	七	七	七	七	七	七
일곱 칠	일곱 칠	일곱 칠				

seven [sévən 쎄번] 일곱, 7

두 손을 네 손가락씩 펴서 서로 등지게 한
모양에서 여덟을 나타냄.

여덟 팔

내 팔자
수염을 잘 봐.
여덟 팔(八)자랑
꼭 닮았지?

★ 八方(팔방) : 동, 서, 남, 북, 동북, 동남, 서북, 서남의 여덟 방위. • 方(모 방)
예그는 못하는 것이 없는 八方미인이다.

★ 七顚八起(칠전팔기) : 일곱 번 넘어지고 여덟 번 일어남. • 顚(넘어질 전)
예七顚八起의 끈질긴 정신을 발휘하여 마침내 오뚝이처럼 일어섰다. • 起(일어날 기)

八	ノ 八				
八부/총2획	八 八 八 八				
여덟 팔	여덟 팔 여덟 팔				

eight[éit 에이트] 여덟, 8

九

아홉 구

열 십(十)자의 가로획의 오른쪽을 치뜨려
열에서 하나가 모자라는 아홉을 나타냄.

아홉이나
되는 우리 아기들을
배불리 먹이려면 내가
열심히 먹어야지.

★ 九泉(구천) : 저승.　• 泉(샘 천)
例 九泉에 계신 할머니가 생각난다.

★ 九死一生(구사일생) : 여러 차례 죽을 고비를 넘기고 겨우 살아남.
例 우리 할아버지는 일본에 끌려갔다 九死一生으로 살아 돌아오셨다고 한다.

九 ノ 九	九	九	九	九
乙부/총2획				
아홉 구　아홉 구　아홉 구				

열 십

수는 一에서 시작하여 열에서 한 계단이
끝남을 가리키는 | 를 덧걸어 열을 나타냄.

하나, 둘, 셋,
넷, 다섯, 여섯,
일곱, 여덟, 아홉,

열!

★ 十里(십리) : 10리.
예 十里 눈치꾸러기. (눈치가 빠른 사람을 이름)

★ 十中八九(십중팔구) : 열 가운데 여덟이나 아홉이 그러함.
예 그의 말은 十中八九 거짓말이다.

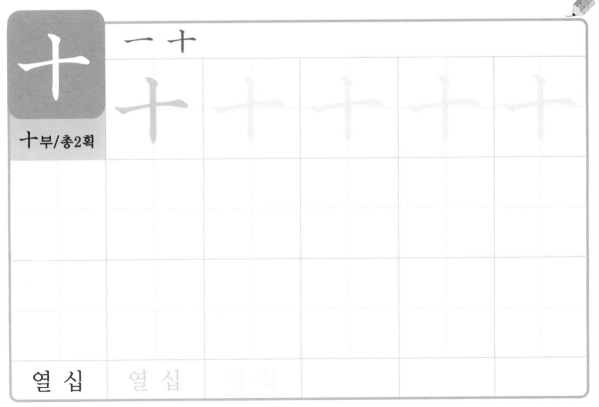

十부/총2획

一 十

열 십

ten [tén 텐] 열, 10

*十이 ~월로 쓰일 경우에는 '시월'이라고 읽어요.

전갈의 모양을 본뜬 글자로 많은 수,
즉 '일만'를 뜻한다.

일만 만

> 우아,
> 세종 대왕님이
> 만 원의 모델이
> 되셨네. 부럽다~

★ **萬國旗**(만국기) : 세계 여러 나라의 국기.　•**旗**(기 기)
　예 운동회장에 걸린 萬國旗가 바람에 휘날린다.

★ **萬年筆**(만년필) : 잉크가 펜촉으로 흘러나오도록 된 휴대용 펜. •**筆**(붓 필)
　예 펜을 만년(오래오래) 사용할 수 있다고 하여 萬年筆이란 명칭이 생겼다.

萬	丶 亠 芇 艹 苩 芇 芇 苜 莒 莒 萬 萬 萬			
艹부/총13획	萬	萬	萬	萬
일만 만	일만 만	일만 만		

年
벼와 벼를 거두어들이는 사람의 모양을
본떠서 만든 글자.

해 년

새해 복 많이
받으세요!
세뱃돈 듬뿍
주시고요.

해가 바뀌었으니
게임은 그만하거라.
그래야 세뱃돈
많이 주지.

★ 年金(연금) : 정부나 회사 등이 일정 기간 동안 개인에게 해마다 주는 돈.

예 우리 할아버지는 국민年金을 받으신다.　•金(쇠 금)

★ 青年(청년) : 신체적·정신적으로 한창 성장하거나 무르익은 시기에 있는 사람.

예 그는 장래가 유망한 青年이다.　•青(푸를 청)

年	ノ　ト　ケ　午　年　年			
干부/총6획	年	年	年	年
해 년	해 년	해 년		

year [jíər 이어] 해, 년

＊年이 낱말의 첫머리에 쓰일 경우에는 두음 법칙에 따라 '연'으로 읽어요.

一(한 일), 石(돌 석), 二(두 이), 鳥(새 조)
돌 한 개를 던져 새 두 마리를 잡는다는 뜻으로,
동시에 두 가지 이익을 봄을 일러요.

朝三暮四

바나나 값이 엄청나게 올랐다. 내일부터는 바나나를 아침에 3개, 저녁에 4개 주겠다.

뭐라고?

여러분, 우리 모두 똘똘 뭉쳐 주인에게 항의합시다!

우리들은 그렇게 먹고 못 살아!

투쟁

원숭이들도 데모를 할 줄 아네.

못살아

바나나는 우리의 식량. 더 줘요!

투쟁

음~

알았다!

역시

와~

우리주인님 짱~

우~

와~

그럼 아침에 4개, 저녁에 3개 주겠다. 어때? 찬성?

바보들!

• • • • •

朝(아침 조), 三(석 삼), 暮(저물 모), 四(넉 사)
중국의 저공이란 사람이 집에서 원숭이를 길렀는데
위의 만화처럼 해서 원숭이들을 구슬렸다고 해요.
조삼모사는 간사한 꾀로 남을 속이는 것을 일러요.

한자 게임

[수 세기] 각 과일의 수를 세어 빈칸에 漢字(한자)로 쓰세요.

한자 게임

[생활 속 수 알기] 빈곳에 알맞은 수를 漢字(한자)로 써 넣어 전화기를 완성해 보세요.

돈과 관계있는 漢字(한자)를 살펴보고 각 한자의 音(음: 소리)을 쓰세요.

十 ☐

年 ☐

萬 ☐

[문제 1~12] 다음 문장을 읽고, ( ) 안의 漢字(한자)의 讀音(독음: 읽는 소리)을 빈칸에 쓰세요.

1. 음력 (一)월 1일은 설날입니다. ☐

2. 십(二)월 25일은 크리스마스입니다. ☐

3. 그날 (萬)년필을 선물받았습니다. ☐

4. 10월 (三)일은 개천절. 우리나라가 세워진 것을 기념하는 날입니다. ☐

5. (四)월 5일은 식목일. 이날은 나무를 심는답니다. ☐

6. (五)월은 가정의 달입니다. ☐

7. 1950년 6월 25일 (六)이오 전쟁이 일어났습니다. ☐

8. (七)월 17일은 제헌절. 헌법이 만들어진 것을 기념하는 날입니다. ☐

9. (八)월 15일은 광복절입니다. ☐

10. 10월 (九)일은 한글날입니다. 한글을 창제한 날이지요. ☐

11. (十)1월 3일은 학생의 날입니다. ☐

12. 올해는 2014(年)입니다. ☐

[문제 13~24] 덧셈과 뺄셈을 하여 답을 (   ) 안에 漢字(한자)로 쓰세요.

13. 一 + 三 = (   )   14. 四 – 二 = (   )   15. 五 + 三 = (   )

16. 六 – 五 = (   )   17. 三 + 四 = (   )   18. 七 – 二 = (   )

19. 二 + 一 = (   )   20. 五 + 一 = (   )   21. 四 + 五 = (   )

22. 七 + 三 = (   )   23. 八 – 六 = (   )   24. 九 – 八 = (   )

[문제 25~30] 각각 몇 마리인지 그 수를 ◯ 안에, 그리고 양쪽을 더한 수를 ☐ 안에 漢字(한자)로 쓰세요.

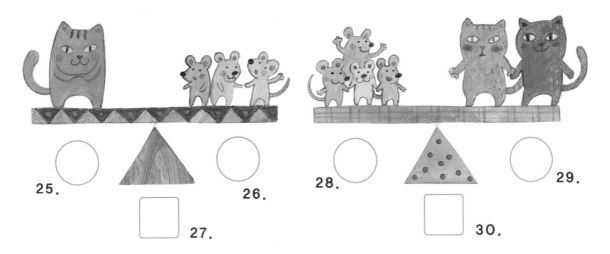

25. 26. 28. 29.

27. 30.

[문제 31~42] 각 漢字(한자)에 해당하는 訓(훈: 뜻)과 音(음: 소리)을 선으로 이으세요.

31. 萬	★넉	▲년
32. 六	★아홉	▲사
33. 年	★열	▲만
34. 八	★여덟	▲십
35. 四	★일만	▲륙
36. 五	★여섯	▲구
37. 七	★두	▲삼
38. 十	★한	▲이
39. 三	★해	▲오
40. 九	★일곱	▲일
41. 一	★다섯	▲칠
42. 二	★석	▲팔

日

뜨겁게 내리쬐는 해를 본떠 만든 글자.
해가 떠서 지면 하루가 가므로 '날'을 뜻하기도 한다.

날 일

해님 얼굴을 네모로 만들어서 기분 나쁘시죠?

천만에! 내 모습을 본뜬 한자가 있다는 것만 해도 영광인걸.

★ 日光(일광) : 해의 빛, 즉 햇빛. • 光(빛 광)
예 이불 따위를 햇빛에 쬐어 소독하는 것을 日光 소독이라고 한다.

★ 日記(일기) : 날마다 겪은 일이나 느낌 등을 적은 기록. • 記(기록할 기)
예 여름 방학 동안 하루도 빠뜨리지 않고 日記를 썼다.

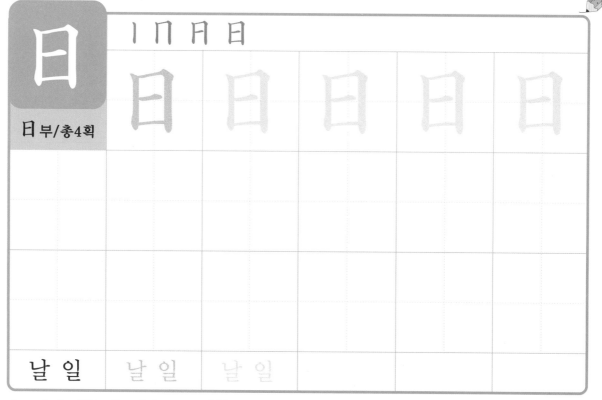

日	丨 冂 日 日				
日부/총4획	日	日	日	日	日
날 일	날 일	날 일			

Sun[sʌ́n 썬] 해, 태양 day[déi 데이] 날, 일

밤하늘에 뜬 초승달을 본떠 만든 글자.
'한 달'을 뜻하기도 한다.

달 월

하필 초승달의
모양을 본뜰 게 뭐람.
이렇게 예쁜 보름달이
아니고. 흠~

조금 있으면
보름달님도 초승달이
될 텐데요, 뭐.

★ **月光**(월광) : 달의 빛, 즉 달빛.

　예)베토벤의 〈月光 소나타〉는 전 세계 사람들의 사랑을 받는 피아노곡이다.

★ **歲月** (세월) : 흘러가는 시간.　　　• **歲**(해 세)

　예)歲月은 흐르는 물처럼 빠르게 지나간다.

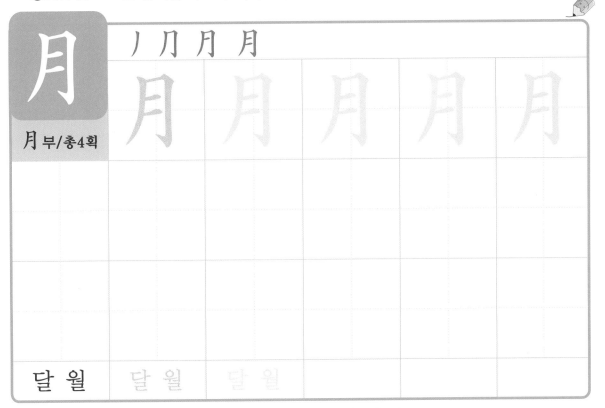

月　　丿 几 月 月

月 부/총4획

달 월

불 화

불이 활활 타오르는 모양을 본떠 만든 글자.

음, 역시 불이 최고야!

앗, 뜨거워! 물고기 살려! 불, 너무 싫다.

★ 火山(화산) : 땅속의 가스, 마그마 등이 지상으로 뿜어져 나오는 현상.
⑩백두산 천지연은 火山의 분화 구멍이 막혀 물이 괸 호수이다.   • 山(메 산)

★ 失火(실화) : 잘못하여 불을 냄. 또는 그 불.   • 失(잃을 실)
⑩失火가 일어나지 않도록 늘 조심해야 한다.

火	` ` ` ′ ′′ 火				
	火	火	火	火	火
火부/총4획					
불 화	불 화	불 화			

fire [fáiə 파이어] 불

끊임없이 흐르는 물의 모양을 본뜬 글자.

물 수

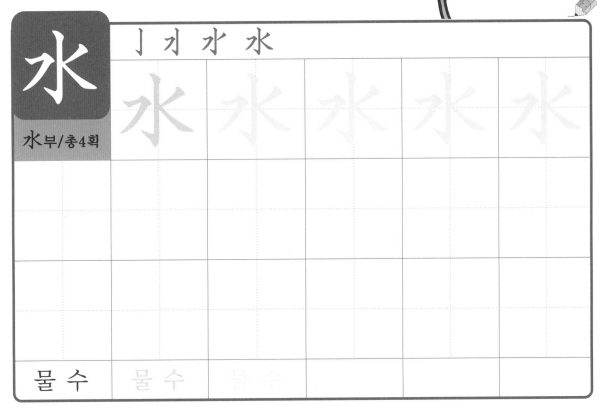

엄마야, 물이다!

물이 싫어? 불도 물 앞에선 꼼짝 못하지. 물 받아랏!

★ 水軍(수군) : (예전에) 물 위를 방위하던 군대.
　예이순신은 水軍절도사를 지냈다.　　• 軍(군사 군)

★ 冷水(냉수) : 찬물.　　• 冷(찰 랭)
　예더워서 冷水를 벌컥벌컥 들이켰다.

水

水부/총4획

丿 刁 水 水				
水	水	水	水	水
물 수	물 수	물 수		

water [wɔ́:tər 워어터] 물

34

나무의 모양을 본떠서 만든 글자.

도토리가 열리는 나무는 건드리지 마세요, 나무꾼 아저씨.

나는 나는 나무꾼. 나무를 해다 팔지요.

★ 木手(목수) : 나무를 다루어 집을 짓거나 물건을 만드는 사람.　•手(손 수)
예木手가 많으면 집을 무너뜨린다는 속담이 있다.

★ 草木(초목) : 풀과 나무.　•草(풀 초)
예고향의 산천 草木이 늘 그대로였으면 좋겠다.

木	一 十 才 木
木부/총4획	木　木　木　木　木
나무 목	나무 목　나무 목

tree [tríː 트리이] 나무

金

흙 속에 묻혀 있는 금의 모양을 본떠서 만든 글자.

쇠/금 금
성 김

나는야 광부.
땅속에 묻힌
금이나 철 따위
금속을 캐요.

이 아저씨도
나처럼 주로
땅속에서
살겠구나.

★ 金冠(금관) : 금으로 만든 관.　•冠(갓 관)
　㉠신라의 金冠은 매우 화려하고 아름답다.

★ 金九(김구) : 독립운동가.　　•九(아홉 구)
　㉠ 金九 선생의 호는 백범(白凡)이다.

金	ノ 人 ム 스 슨 仝 仐 金 金
金부/총8획	金　金　金　金　金
쇠 금	쇠 금　쇠 금

흙 토

새싹이 땅 위로 자라는 모양을 본뜬 글자.
흙, 땅을 뜻한다.

대체 흙 속에
무엇이 있길래
이렇게 예쁜
꽃을 피울까?

★ 國土(국토) : 나라의 땅.　　• 國(나라 국)
예 정부는 혁신적인 國土 개발 계획을 세웠다.

★ 土人(토인) : 문명이 미치지 않는 곳에 눌러 사는 사람을 낮잡아 이르는 말.
예 아프리카 土人은 대부분 피부가 까맣다.　　• 人(사람 인)

土	一 十 土				
土부/총3획	土	土	土	土	土
흙 토	흙 토	흙 토			

soil[sɔ́il **쏘일**] 흙

산의 모양을 본떠서 만든 글자.

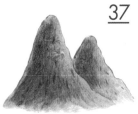

메/산 산

★ 山林(산림) : 산과 숲. 또는 산에 있는 숲.　　•林(수풀 림)
예 山林이 울창하다.

★ 青山(청산) : 풀과 나무가 무성한 푸른 산.　　•青(푸를 청)
예 그 노인은 青山을 벗 삼아 살았다.

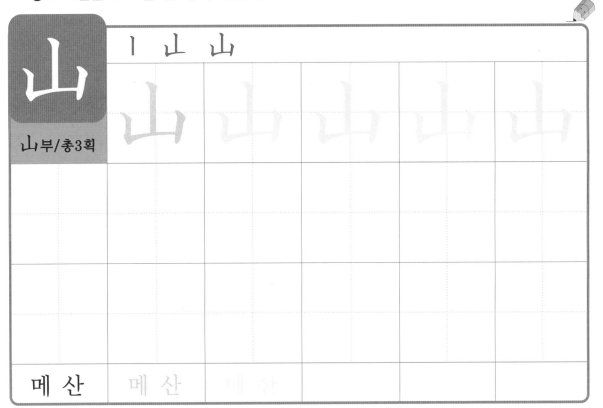

山
山부/총3획

ㅣ 山 山				

메 산

mountan [máuntən 마운턴] 산

푸를 청

 ➡ 靑 ➡ 靑

푸른 식물과 우물의 모양을 본떠서
만든 글자.

청바지

우리는
고려의 자랑
고려청자.
푸를 청!

나는 나는
조선의 자랑
조선백자.
흰 백!

★ 靑春(청춘) : 한창 젊은 나이. 또는 그 시절.　　•春(봄 춘)
　㉠우리 할아버지는 독립운동에 靑春을 바치셨다고 한다.

★ 靑瓷(청자) : 푸른 빛깔의 자기. 고려청자는 세계적으로 인정받고 있다.
　㉠고려靑瓷는 기술과 무늬가 매우 독창적이고 섬세하다.　　•瓷(사기그릇 자)

靑	一 二 ≠ 主 丰 靑 靑 靑				
	靑	靑	靑	靑	靑
靑부/총8획					
푸를 청	푸를 청	푸를 청			

blue [blú: 블루우] 푸른

흰 백

해의 밝은 빛을 본떠서 만든 글자.

흰 우유

백설 공주님은 어디 계실까?

얼굴빛이 눈처럼 새하얀 분을 찾아야 해. 공주님!

★ 白雪(백설) : 흰 눈.   •雪(눈 설)
예 白雪 공주는 피부가 흰 눈처럼 새하얘서 붙여진 이름이다.

★ 告白(고백) : 숨김 없이 사실대로 말함.   •告(알릴 고)
예 창피하지만 용기를 내서 친구에게 내 마음을 告白했다.

白	´ ´ ⺈ 白 白	白	白	白	白	白
白부/총5획						
흰 백	흰 백	흰 백				

white [hwáit 화이트] 흰

한자 게임

[색칠하기] 동물 친구들의 옷에 쓰인 글자에 맞는 漢字(한자)가 쓰인 풍선을 찾아 색칠하세요.

한자 게임

[미로놀이] 미로를 따라가 보세요. 그리고 漢字(한자)에 해당하는 訓(훈: 뜻)과 音(음: 소리)을 빈칸에 쓰세요.

꼼꼼히
확인해요

[문제 1~12] 다음 문장을 읽고, 밑줄 친 말에 알맞은 漢字(한자)를 빈칸에 쓰세요.

1. 日요일 아침 일찍 해 돋이를 보았습니다. ☐

2. 月요일 밤, 보름달이 두둥실 떠올랐습니다. ☐

3. 火요일 오전에 어느 공장에서 불이 났습니다. ☐

4. 水요일 오후에 어머니와 함께 물을 뜨러 약수터에 갔습니다. ☐

5. 木요일 점심때쯤 온 가족이 마당에 나무를 심었습니다. ☐

6. 金요일날 박물관에서 금으로 만든 귀고리를 보았습니다. ☐

7. 土요일에는 친구와 흙장난을 하였습니다. ☐

8. 山양은 산에 삽니다. ☐

9. 靑포도는 푸른빛을 띠고 맛이 답니다. ☐

10. 白마는 털빛이 흰 말을 이릅니다. ☐

[문제 11~12] 다음 글을 읽고 밑줄 친 글자에 맞는 漢字(한자)를 쓰세요.

"개굴개굴, 개굴개굴, 개굴개굴…."
청개구리가 구슬프게 우는 소리가 들렸어요.
"왜 그렇게 구슬피 우니? 무슨 일 있어?"

12. ◯

백곰이 놀라서 눈을 동그랗게 뜨고 물었어요.
"엄마가 돌아가셨어요. 이젠 엄마 말씀을
따르고 싶어도 그럴 수가 없어서요."

11. ◯

[문제 13~18] 각각의 그림에 가장 어울리는 漢字(한자)를 찾아
선으로 이으세요.

日　　水　　土　　木　　月　　火

[문제 19~28] 각 漢字(한자)에 해당하는 訓(훈: 뜻)과 音(음: 소리)을
선으로 이으세요.

19. 白	★쇠/ 성	▲토
20. 土	★물	▲청
21. 火	★흰	▲수
22. 金	★날	▲월
23. 靑	★흙	▲목
24. 水	★메	▲산
25. 月	★푸를	▲화
26. 木	★불	▲백
27. 日	★달	▲금
28. 山	★나무	▲일

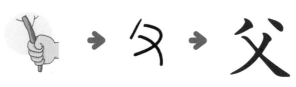

손에 회초리를 들고 있는 모양을 본떠
아이들을 가르치고 이끄는 아버지의 뜻이 된 글자.

아비 부

★ 父子(부자) : 아버지와 아들.　　• 子(아들 자)
　㉄부전자전이라더니, 걷는 모습이 父子가 똑같다.

★ 父母(부모) : 아버지와 어머니.
　㉄父母가 착해야 효자가 난다고 한다.

父	`ノ ハ ク 父`				
	父	父	父	父	父
父 부/총4획					
아비 부	아비 부	아비 부			

father [fáːðər 파아더] 아버지

 ➡

어머니가 아기를 가슴에 품고 있는 모양을
본뜬 글자.

어미 모

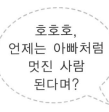

호호호,
언제는 아빠처럼
멋진 사람
된다며?

우리 엄마
멋쟁이죠? 저도
이다음에 엄마처럼
멋쟁이가 될래요.

★ 母女(모녀) : 어머니와 딸.
예그 집 母女는 마치 언니와 동생 같다.

★ 學父母(학부모) : 학생을 자녀로 둔 부모.　•學(배울 학)
예초등학생의 한자 교육을 바라는 學父母들이 많다.

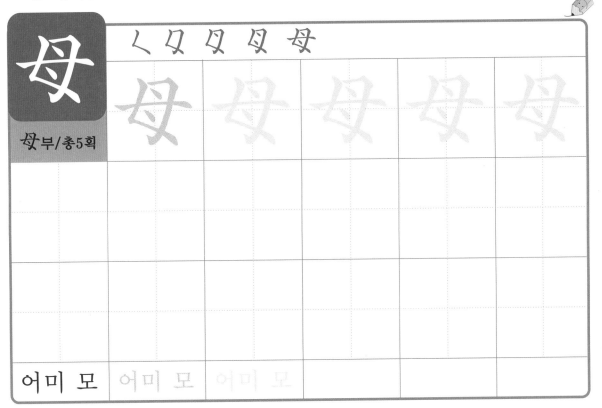

母 母부/총5획	ㄥ ㄥ ㄥ ㄥ 母 母				
	母	母	母	母	母
어미 모	어미 모	어미 모			

mother [mʌ́ðər 머더] 어머니

兄
형 형

아우를 타이르고(口) 지도하는 사람이란
데서 형의 뜻이 된 글자.

우리 형 정말
재미있지 않니?
이담에 개그맨이
되고 싶대.

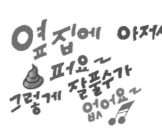

★ 兄弟(형제) : 형과 아우를 아울러 이르는 말.
　예흥부네 자식들은 兄弟간에 매우 우애가 좋다.

★ 學父兄(학부형) : 학생의 아버지나 형이라는 뜻으로 학생의 보호자를 이름.
　예딸이 학교에 입학하여 나도 學父兄이 되었다.

兄
儿부/총5획

丿 冂 口 尸 兄

兄　兄　兄　兄　兄

형 형　형 형　형 형

elder brother [élðər brʌ́ðər 엘더 브러더] 형

막대기에 가죽 끈을 내리감은 모양에서
형제간의 순서를 나타내는 아우의 뜻이 된 글자.

아우 제

아우야, 잠깐 놀고 올 테니 집 잘 보고 있어!

형, 엄마가 집에서 공부하고 있으랬잖아. 안 돼!

★ 弟子(제자) : 지식이나 덕을 갖춘 사람으로부터 가르침을 받는 사람.
例 스승의 날을 맞아 스승을 찾는 弟子들이 많다.

★ 子弟(자제) : 남을 높여 그의 아들을 이르는 말.
例 조선 시대에는 양반의 子弟라야 과거를 볼 수 있었다.

弟	` ´ ` ` ` ゛ ゛ ゛ 弓 弟 弟				
弓 부/총7획	弟	弟	弟	弟	弟
아우 제	아우 제	아우 제			

younger brother [jʌ́ŋɡər brʌ́ðər **영거 브러더**] 동생, 아우

손목에서 맥박이 뛰는 자리까지의 사이,
즉 마디를 나타냄.

마디 촌

> 삼촌 피곤해.
> 너 혼자 놀면
> 안 되겠니?

> 삼촌,
> 우리 밖에
> 놀러 가요, 네!

★ 寸數(촌수) : 친족 사이의 멀고 가까운 정도를 나타내는 수. · 數(셈 수)
예 그녀와 나는 寸數로 따지면 멀지만 어쨌든 친척 사이이다.

★ 三寸(삼촌) : 아버지나 어머니의 형제를 가리키거나 부르는 말.
예 三寸은 우리 집에서 함께 사신다.

寸	一 寸 寸				
寸부/총3획	寸	寸	寸	寸	寸
마디 촌	마디 촌	마디 촌			

外

바깥 외

점(卜)은 아침에 치는 것이 원칙인데
저녁에 치는 것은 관례에 벗어난다 하여
바깥의 뜻이 됨.

★ 外出(외출) : 집 바깥으로 나감. · 出(날 출)
⑩감기에 걸려 外出을 삼가고 있다.

왜?

★ 海外(해외) : 바다 밖이라는 뜻으로, 다른 나라를 이르는 말. · 海(바다 해)
⑩방학 때 온 가족이 海外 여행을 다녀왔다.

外

ノ ク タ 外 外

夕부/총5획

外 外 外 外 外

바깥 외 　바깥 외　바깥 외

outside [àutsáid 아웃사이드] 바깥, 밖

여자가 다소곳이 앉아 있는 모양을
본떠서 만든 글자.

계집 녀

여자라면
이 정도 미모는
되어야지.

말도 안 돼.

★ 女子(여자) : 여성으로 태어난 사람.
예 우리 누나는 천생 女子다.

★ 男女(남녀) : 남자와 여자를 아울러 이르는 말.　　• 男(사내 남)
예 우리 형은 男女 공학인 학교에 다닌다.

女 女부/총3획	ㄑ 女 女				
	女	女	女	女	女
계집 녀	계집 녀	계집 녀			

female [fímeil 피메일] 여자　　＊女가 낱말의 첫머리에 올 경우에는 두음 법칙에 따라 '여'로 읽어요.

하늘 · 사람 · 땅을 다스리는 사람이
임금이라는 뜻을 나타낸 글자.

임금 왕

임금 아니라는데
왜들 난리람. 이건
〈벌거벗은 인금님〉
이야기 때문이야.

★ 王子(왕자) : 임금의 아들.
예낙랑 공주와 호동 王子.

★ 女王(국왕) : 여자 임금.
예영국의 엘리자베스 女王이 사는 버킹엄 궁전.

王	一 二 千 王
王부/총4획	王 王 王 王

임금 왕	임금 왕	임금 왕

king [kíŋ 킹] 왕, 임금

軍

군사 군

庫 ▶ 車 ▶ 軍

전차(車)의 주위를 둘러싸고 진군하는
군사를 나타낸 글자.

수레가
모자 쓴
글자가 있어?

넵, 군사 군
모르십니까?
한자 모양을
잘 보십시오.

* 車=수레 거, 수레 차.

★ **軍人**(군인) : 군대에서 복무하는 사람.
　예군복을 입은 軍人 아저씨의 모습이 늠름하다.

★ **陸軍**(육군) : 주로 땅 위에서 공격과 방어의 임무를 수행하는 군대. ·陸(뭍 륙)
　예옆집 형은 陸軍에 입대하였다.

軍	⼀ ⼅ ⼩ ⼩ ⼩ 冒 冒 宣 宣 軍
車부/총9획	軍　軍　軍　軍　軍

군사 군	군사 군	군사 군		

military [mílitèri 밀리테리] 군사, 군인

人
사람 인

사람이 다리를 내딛고 서 있는 모양을
본떠서 만든 글자.

얍!
등뒤에 있는 아이
사라져라!

자, 보세요.
사람 인(人)자와
꼭 닮았지요?

★ 人形(인형) : 사람의 형상을 본떠서 만든 물건.　　• 形(모양 형)
　ⓔ여동생은 예쁜 공주 人形을 생일 선물로 받았다.

★ 外國人(외국인) : 다른 나라의 사람.
　ⓔ요사이는 예전과 달리 外國人을 보기가 쉽다.

人
人부/총2획

丿人

사람 인　사람 인　사람 인

man [mǽn 맨] 사람

[미로놀이] 동생이 형을 찾으러 가요. 알맞은 漢字(한자)를 찾아 미로를 빠져 나가 보세요.

[사다리타기] 도깨비들의 말에 맞는 漢字(한자)가 나오는지 사다리를 타 보세요.

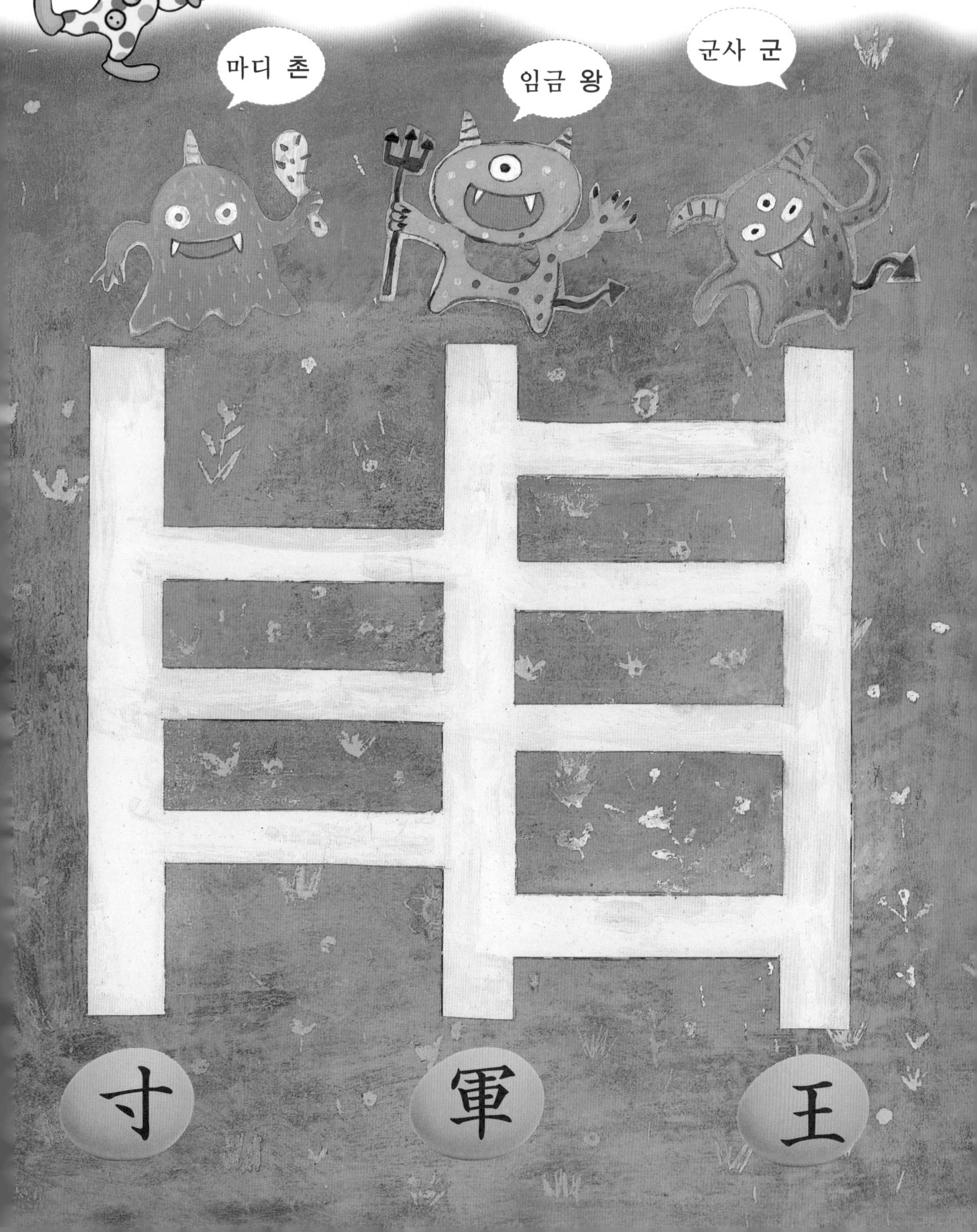

마디 촌

임금 왕

군사 군

寸

軍

王

[문제 1~4] 漢字(한자)와 漢字를 모아 낱말을 만들었어요. 각 漢字語(한자어)의 讀音(독음: 읽는 소리)을 빈칸에 쓰세요.

1. ☐☐

2. ☐☐

3. ☐☐

4. ☐☐

[문제 5~12] 각 漢字(한자)에 해당하는 訓(훈: 뜻)과 音(음: 소리)을 선으로 이으세요.

5. 王	★어미	▲군
6. 寸	★군사	▲제
7. 母	★사람	▲외
8. 軍	★바깥	▲인
9. 女	★임금	▲촌
10. 弟	★계집	▲모
11. 外	★마디	▲녀
12. 人	★아우	▲왕

[문제 13~22] 다음 문장을 읽고, ( ) 안의 漢字(한자)의 讀音(독음: 읽는 소리)을 빈칸에 쓰세요.

13. 우리는 (父)자 사이입니다. ☐

14. 늑대는 (母)성애가 매우 강하다고 합니다. ☐

15. 사(寸) 오빠는 대학생입니다. ☐

16. 어제 (外)삼촌께서 전화를 하셨습니다. ☐

17. 흥부는 놀부와 (兄)제간입니다. ☐

18. 그 선생님은 (弟)자들을 매우 아끼십니다. ☐

19. 세종 대(王)은 한글을 창제하였습니다. ☐

20. 10월 1일은 국(軍)의 날입니다. ☐

21. 우리 학교는 남학생이 (女)학생보다 수가 많습니다. ☐

22. 세계의 (人)구는 약 71억 명이나 됩니다. ☐

[문제 23~26] 각 漢字(한자)의 진하게 표시한 획은 몇 번째 쓰는지 아라비아 숫자로 나타내 보세요.

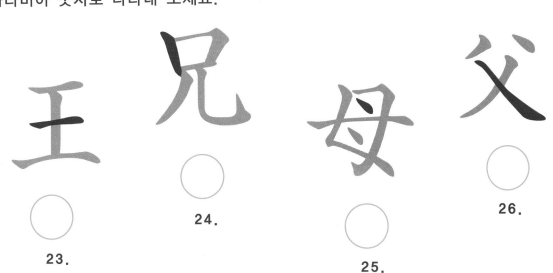

23. 24. 25. 26.

사리에 어두운 아이들이 양손에 책을 잡고
스승의 가르침을 받으며 배운다는 뜻의 글자.

배울 학

나도 학교에
다니고 싶다.

나도 배우는
학생이 되었구나.
사람은 배워야
하고말고.

★ 學生(학생) : 학교에 다니면서 공부하는 사람.　　•生(날 생)
　囫초등학교 學生인데도 키가 커서 중학생인 줄 알았다.

★ 入學(입학) : 학교에 들어가 학생이 됨.　　•入(들 입)
　囫유치원을 졸업하고 초등학교에 入學했다.

學	´ ⺊ ⺊ ⻖ ⻖ ⻖ ⻖ ⺜ ⺜ ⺜ ⺜ 段 段 段 學 學
子부/총16획	學　學　學　學
배울 학	배울 학　배울 학

learn [lə́ːn 러언] 배우다

校 → 校 → 校

구부러진 나무를 엇걸어 바로잡는 곳,
즉 학교를 뜻하는 글자.

학교 교

이곳은
공부하고, 친구도
사귈 수 있는
학교입니다.

환영합니다,
어린이 여러분!

★ 學校(학교) : 교사가 학생에게 교육을 실시하는 기관.
⑩그는 學校 근처에도 가 보지 못했으나 크게 성공하였다.

★ 登校(등교) : 학생이 학교에 감.   • 登(오를 등)
⑩재민이는 언제나 아침 일찍 登校한다.

校	一 十 才 木 木 杧 栌 栌 栌 校 校				
木부/총10획	校	校	校	校	校
학교 교	학교 교	학교 교			

school [skúːl 스쿠울] 학교

教 ➡ 教 ➡ 教

손에 회초리를 들고 인도하고 훈계한다 하여
'가르치다'의 뜻이 된 글자.

가르칠 교

나는 영어를
가르쳐요.
자, 알파벳부터
공부해요.

여러분,
안녕하세요?
만나서 반가워요.

★ 教師(교사) : 일정한 자격을 가지고 학교에서 학생을 가르치는 사람. 선생님.
㉠누나는 教師가 되기 위해 교육 대학에 진학하였다.　　　• 師(스승 사)

★ 教育(교육) : 지식과 기술 따위를 가르치며 인격을 길러 줌.　　• 育(기를 육)
㉠오후에 강당에서 예절 教育을 받았다.

教	ノ メ ≠ 孝 岁 者 者 孝 孝 教 教
攵부/총11획	教 教 教 教 教

가르칠 교	가르칠 교	가르칠 교			

teach [tíːtʃ 티이취] 가르치다

室
집 실

지붕 밑에 새가 있는 모양을 본떠서
만든 글자.

우아,
수업 시작
종이다!

으, 저
장난꾸러기들!
교실은 공부하는
방이야.

★ 室内(실내) : 건물이나 방의 안.　　•内(안 내)
예친구들과 함께 室内 수영장에 가기로 하였다.

★ 教室(교실) : 학교에서 학생들이 수업을 하는 방.
예1학년 3반 教室

室	⟋ 丶 宀 宀 宀 宏 宏 宏 室 室 室 室 室 室
宀부/총9획	

| 집 실 | 집 실 | 집 실 | |

room [rúːm 루움] 방　　　　　　　　　　＊室은 '방' 또는 '거처'를 뜻하기도 해요.

先

먼저 선

사람이 앞서 간다는 데서 '앞', '먼저'의 뜻이 된 글자.

이런 게 바로 먼저 선(先)!

아하, 남보다 앞서 가는 것을 나타낸 글자로구나!

★ 先生(선생) : 학생을 가르치는 사람.
예스승의 날 先生님 가슴에 카네이션을 달아 드렸다.

★ 先見之明(선견지명) : 일을 미리 짐작하는 밝은 지혜. ・見(볼 견) ・明(밝을 명)
예그분은 先見之明이 뛰어나 일본이 쳐들어올 것을 알고 철저히 대비하였다.

先	ノ ト 牛 生 牛 先				
儿부/총6획	先	先	先	先	先
먼저 선	먼저 선	먼저 선			

before [bifɔ:r 비포오] 먼저, 전에

땅을 뚫고 나온 싹의 모양을 본떠서
만든 글자로 '낳다, 나다, 생겨나다'를 뜻함.

날 생

엄마,
낳아 주셔서
감사합니다.

아이고,
우리 아기
태어나자마자
철 들었네.

★ 生日 (생일) : 태어난 날.
　예 내 生日은 어린이날과 같은 날이다.

★ 出生 (출생) : 세상에 태어남.　　• 出(날 출)
　예 어머니는 서울 出生이다.

生	ノ ト 仁 牛 生
生부/총5획	生　生　生　生　生

날 생　　날 생　　날 생

bear [bɛər 베어] 낳다, 태어나다

門
문 문

양쪽의 문을 닫아 놓은 모양을 본뜬 글자.

★ 大門(대문) : 집의 정문.　　• 大(큰 대)
　예 大門 밖이 저승이라고, 사람은 언제 죽을지 모른다.

★ 校門(교문) : 학교의 정문.
　예 오래 전에 문을 닫은 학교라 그런지 校門도 초라해 보인다.

門 門部/총8획	丨 冂 冂 冂 冃 門 門 門

門　門　門　門　門

문 문　문 문　문 문

gate[géit 게이트] 문

長
긴 장

수염이 긴 노인의 모습을 본떠서 만든 글자.

★ 長壽(장수) : 오래 삶.   • 壽(목숨 수)
  예 잘 먹고 잘 자는 것이 그의 長壽 비결이다.

★ 校長(교장) : 초등학교 · 중학교 등 학교의 우두머리.
  예 조회 시간에 校長 선생님께서 좋은 말씀을 해 주셨다.

長	ㅣ ㄏ ㅏ ㅏ ㅌ ㅌ 튽 長 長				
長부/총8획	長	長	長	長	長
긴 장	긴 장	긴 장			

long [lɔːŋ 로옹] 긴   ＊長은 '어른'이란 뜻도 있어요.

[그림 속에서 찾기] 그림을 잘 살펴보고, 아래의 선생님과 학생을 찾아보세요.

 先生・教 學生・學

[문제 1~4] 漢字(한자)와 漢字를 모아 낱말을 만들었어요. 각 漢字語(한자어)의 讀音(독음: 읽는 소리)을 빈칸에 쓰세요.

1.

2.

3.

4.

[문제 5~12] 각 漢字(한자)에 해당하는 訓(훈: 뜻)과 音(음: 소리)을 선으로 이으세요.

5. 長	★문	▲교
6. 室	★가르칠	▲실
7. 門	★먼저	▲학
8. 校	★긴	▲문
9. 生	★집	▲교
10. 學	★날	▲장
11. 先	★배울	▲선
12. 敎	★학교	▲생

[문제 13~20] 다음 문장을 읽고, (   ) 안의 漢字(한자)의 讀音(독음: 읽는 소리)을 빈칸에 쓰세요.

13. 오늘은 내 (生)일. ☐

14. (先)생님께서 동화책을 주셨습니다. ☐

15. 친구들은 비 오는 날 신는 (長)화를 선물해 주었습니다. ☐

16. 나는 선물을 한 아름 안고 교(門)을 나섰습니다. ☐

17. 집으로 달려가다 뒤를 돌아보니 학(校)가 손을 흔드는 듯했습니다. ☐

18. 오후에는 (室)내 수영장에 갔습니다. ☐

19. 며칠 있으면 여름 방(學)이 시작됩니다. ☐

20. 이번 방학에는 학원에서 플루트 (敎)습을 받으려고 합니다. ☐

[문제 21~23] 각 그림을 잘 살펴보고, 그림에 가장 어울리는 漢字(한자)와 선으로 잇고, 漢字의 뜻과 음도 말해 보세요.

21.

22.

23.
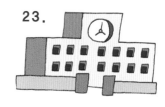

♥   ♥   ♥

門   校   生

큰 대

사람이 양발과 양손을 크게 벌리고 있는
모양을 본떠 만든 글자.

자, 잘 보세요.
큰 대(大)는
이렇게 생겼어요.
비슷하지요?

헉, 정말이네.
우리 아들 천재인가
봐. 한자 천재!

★ 大學(대학) : 고등 교육을 베푸는 교육 기관.　　• 學(배울 학)
　ⓔ 고등학교를 졸업하고 大學에 들어갔다.

★ 巨大(거대) : 엄청나게 큼.　　　　　• 巨(클 거)
　ⓔ 서울은 세계적인 巨大 도시의 하나이다.

大 大부/총3획	一 ナ 大
	大　大　大　大　大
큰 대	큰 대　큰 대

big [bíg 빅] 크다

풀 사이에서 돋는 해(卓)에 둘러싸인(韋)
아름다운 나라 '한국'을 뜻하는 글자.

한국/나라이름 **한**

우리나라의
정식 이름은 대한민국.
줄여서 한국이라고도
하지요.

우리가 입은
옷은 한복,
참 아름답지요?

★ 韓服(한복) : 우리나라의 고유한 옷.　　　• 服(옷 복)

　예설에는 韓服을 곱게 차려입고 어른들께 세배를 드린다.

★ 訪韓(방한) : 한국을 방문함.　　　• 訪(찾을 방)

　예미국 대통령이 아시아 순방 길에 訪韓한다고 한다.

韓	一 十 十 古 古 古 直 卓 卓' 卓" 卓" 卓" 韓 韓 韓 韓 韓
韋 부/총17획	韓　韓　韓　韓　韓

한국 한	한국 한	한국 한			

Korea [kəríːə 커리이어] 대한민국, 한국

民
백성 민

땅 위에 풀과 나무가 무성한 모습을 본뜬 글자.

백성들이 보고 있는데 창피하시지도 않나 봐……

우하하, 벌거숭이 임금님이다!

★ 民族(민족) : 일정한 지역에서 오랜 세월 공동생활을 하며 역사적으로 형성된 집단.
  예 우리 民族 고유의 명절인 추석에는 송편을 빚어 먹는다.　　• 族(겨레 족)

★ 國民(국민) : 한 나라를 구성하는 사람들.
  예 납세, 교육, 병역, 근로는 우리나라 國民이 지켜야 할 4대 의무이다.

民
氏부/총5획

フ コ ア ア 民

民　民　民　民　民

백성 민　백성 민　백성 민

people [píːpl] 피이플　백성

 → → 國

사람이 창을 들고 국경을 지키는 모양을
본떠서 만든 글자.

나라 국

나는 나는
단군왕검.
우리나라를
세운 사람이지.

★ 國花(국화) : 나라의 상징으로 그 나라 사람들이 사랑하는 꽃.　•花(꽃 화)
　예우리나라의 國花인 무궁화는 추위에 강하다.

★ 祖國(조국) : 조상 때부터 대대로 살던 나라.　　•祖(조상 조)
　예그들은 祖國의 통일을 기원하였다.

國	丨 冂 冂 冃 同 同 同 國 國 國 國
口부/총11획	國 國 國 國 國
나라 국	나라 국　나라 국

nation [néiʃən 네이션] 나라, 국가

사물의 한가운데를 꿰뚫은 모양을 본뜬
글자로 '가운데'를 뜻한다.

가운데 중

우리 셋 중에서
가운데 있는 애가
범인인데….

★ **中心**(중심) : 사물의 한가운데.　　　　• 心(마음 심)

　예화살이 과녁의 中心에 정확히 꽂혔다.

★ **命中**(명중) : 겨냥한 곳에 바로 맞음.　　　• 命(목숨 명)

　예백 번 쏘아 백 번 命中하는 것을 백발백중이라고 한다.

中	｜ 冂 口 中				
	中	中	中	中	中
｜ 부/총4획					
가운데 중	가운데 중	가운데 중			

middle [mídl **미**들] 가운데

작은 돌멩이가 세 개 있는 모양을 본떠서 만든 글자.

작을 소

요렇게 작은 주제에 자꾸 까불래?

다시는 안 그럴 테니 어서 내려 주세요, 네!

★ 小兒科(소아과) : 어린아이의 병을 다루는 의학의 한 분야. •兒(아이 아)
　예내 동생은 감기에 걸려서 小兒科 병원에 다니고 있다. •科(과목 과)

★ 大小(대소) : 크고 작음.
　예사과를 大小에 따라 분류하였다.

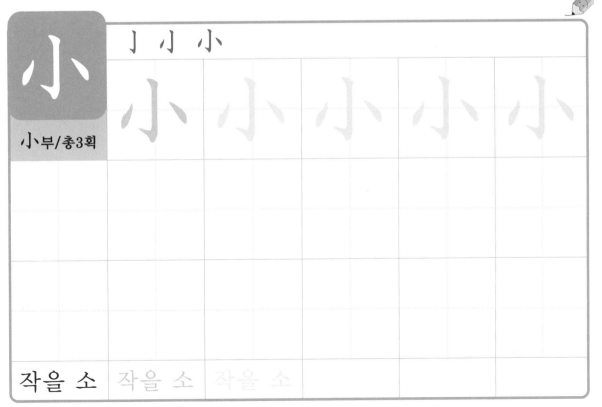

小

小부/총3획

丨 小 小

작을 소　작을 소　작을 소

small [smɔ́ːl 스모올] 작은

 → 美 → 東

떠오르는 해가 나무에 걸린 모양을 본떠서
만든 글자.

동녘 동

내가 나무
뒤에 서면
동녘 동(東)이
된단 말이죠?

네, 환영합니다!
어서 오세요!

★ 東海(동해) : 우리나라 동쪽의 바다.　　• 海(바다 해)
　　예 오징어는 東海에서 많이 잡힌다.

★ 東方(동방) : 동쪽.　　　　• 方(모 방)
　　예 중국에서는 우리나라를 가리켜 東方 예의지국이라고 하였다.

東	一 厂 厂 百 百 亘 审 東 東			
木부/총8획	東	東	東	東
동녘 동	동녘 동	동녘 동		

east [íːst 이이스트] 동쪽

새가 둥지에 앉은 모양을 본뜬 글자.
해가 서쪽으로 지면 새가 둥지에 깃들이므로
'서쪽'을 뜻하게 되었다.

서녘 서

★ 西山(서산) : 해 지는 쪽의 산.　　•山(메 산)

예 해가 西山 너머로 졌다.

★ 西洋(서양) : 동양에서 유럽과 아메리카의 여러 나라를 이르는 말. •洋(물 양)

예 西洋 사람들은 대부분 피부색이 희다.

西 西부/총6획	一 丆 兀 兀 西 西
	西　西　西　西　西
서녘 서	서녘 서　서녘 서

west [wést 웨스트] 서쪽

南

풀과 나무가 무성한 모양을 본뜬 글자.

남녘 남

> 이봐요, 펭귄님.
> 펭귄님들이 계실 곳은
> 이곳 남쪽, 남극
> 아닌가요?

★ 南極(남극) : 일반적으로 지구의 남쪽 끝을 중심으로 한 대륙을 이름. •極(다할 ㅋ
  예 펭귄은 주로 南極 대륙에 산다.

★ 南下(남하) : 남쪽을 향하여 내려옴.　　　•下(아래 하)
  예 시베리아의 기압이 南下하는 중이다.

南	一 十 十 冄 冄 宍 宍 南 南
十부/총9획	南　南　南　南　南

남녘 남　남녘 남　남녘 남

south [sáuθ 싸우스] 남쪽

北 → 北

두 사람이 등진 모습을 본뜬 글자.

북녘 북

그러자. 북극곰님, 당장 자리를 바꿉시다!

여기는 북극인가 봐요. 우리, 얼른 저리 가요.

★ 北極(북극) : 일반적으로 지구의 북쪽 끝을 중심으로 한 지역을 이름.

예 에스키모는 北極에 사는 종족이다.

★ 脫北(탈북) : 북한을 탈출하는 일.　　• 脫(벗을 탈)

예 죽음을 무릅쓰고 脫北하는 사람들이 늘고 있다.

北	ㅣ ㅑ ㅓ ㅓ ㅏ 北				
匕부/총5획	北	北	北	北	北
북녘 북	북녘 북	북녘 북			

*北은 '달아날 배'라고도 새겨요. ⇒ 패배(敗北)

[색칠하기] 동물 친구들의 옷에 쓰인 漢字(한자)에 해당하는 訓(훈: 뜻)과 音(음: 소리)이 쓰인 풍선을 색칠해 보세요.

[문제 1~10] 다음 문장을 읽고, 漢字(한자)에 알맞은 音(독음: 소리),
밑줄 친 말에 해당하는 한자를 보기에서 찾아 ○ 안에 번호를 쓰세요.

1. 우리나라는 大韓民國입니다. ○

2. 삼면이 바다로 둘러싸인 반도國이지요. ○

3. 北쪽에는 압록강과 두만강이 흐르며 ○

4. 中國, 러시아와 붙어 있습니다. ○

5. 西쪽은 황해, 즉 서해와 닿아 있습니다. ○

6. 東쪽은 동해와 닿아 있으며, 울릉도와 독도가 자리잡고 있습니다. ○

7. 南쪽은 남해와 닿아 있는데, 제주도와 마라도 등이 자리잡고 있습니다. ○

8. 제주도는 우리나라에서 가장 큰 섬으로 ○

9. 섬 가운데에 한라산이 우뚝 솟아 있습니다. ○

10. 남해에는 수많은 작은 섬들이 흩어져 있어 다도해라고도 불립니다. ○

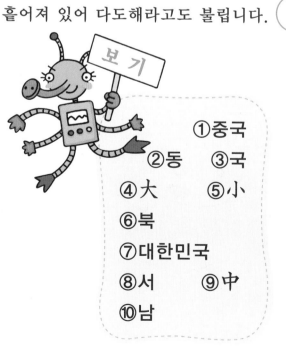

보기

① 중국
② 동   ③ 국
④ 大   ⑤ 小
⑥ 북
⑦ 대한민국
⑧ 서   ⑨ 中
⑩ 남

[문제 11~13] 세 과일의 크기를 비교해 보고, 크기에 알맞은 漢字(한자)를 찾아 선으로 이으세요.

11.

12.

13.

[문제 14~23] 각 漢字(한자)에 해당하는 訓(훈: 뜻)과 音(음: 소리)을 선으로 이으세요.

14. 小	★한국/나라이름	▲북
15. 韓	★백성	▲동
16. 南	★작을	▲중
17. 民	★큰	▲국
18. 大	★서녘	▲한
19. 中	★북녘	▲소
20. 國	★동녘	▲서
21. 西	★가운데	▲민
22. 東	★남녘	▲대
23. 北	★나라	▲남

東問西答

우리 똑똑한 아드님!

꼬끼오....

넵!

아빠가 퀴즈 하나 낼 테니 맞혀 봐.

해는 어느 쪽에서 뜨게?

나해

으

뒤적 뒤적

그런 퀴즈라면 누워서 떡 먹기죠.

서쪽요! 오늘 아침에도 봤거든요.

헤헤

나 해 안해

맙소사! 이거야말로 동문서답이군. 해가 언제부터 서쪽에서 떴지?

東(동녘 동), 問(물을 문), 西(서녘 서), 答(답할 답)
동쪽을 묻는데 서쪽을 대답한다는 뜻으로, 물음과는 상관없는 엉뚱한 대답을 함을 이른다.

走馬看山

여보게 마 군,
산이 좀 달라졌지?
멋지지?

조금 전에 산 옆을
지나왔는데 변한 거
하나도 없던데요.

단풍이 들어 산이 붉게 변한
걸 보지 못했단 말야?
주마간산이라더니, 그 말이
왜 생겼는지 알겠다.

走(달릴 주), 馬(말 마), 看(볼 간), 山(메 산)
말을 타고 달리며 산천을 구경한다는 뜻으로, 자세히 살피지 않고
대충대충 보고 지나감을 이른다. '수박 겉 핥기'와 비슷한 뜻임.

족집게 모의고사

[문제 1~10] 다음 글을 읽고, 각 漢字(한자)의 讀音(독음: 읽는 소리)을 ( ) 안에 쓰세요.

외삼촌께서 사촌 형과 함께 우리 집에 오셨다. 나는 삼촌께 나와 삼촌은 ⑴寸수가 몇이냐고 여쭈어 보았다.

"⑵三촌이잖니. 네가 나를 삼촌이라고 부르는 것은 바로 그 때문이야. ⑶外는 외가 쪽을 뜻하고. 너하고 너희 ⑷父⑸母님은 ⑹一촌 간이야. ⑺兄⑻弟 간은 ⑼二촌. 네 동생하고 너는 2촌 간이지. 나의 누나인 너희 어머니하고 내가 2촌 간이듯이. 이제 이 외사촌 형하고 네가 ⑽四촌 간이 되는 건 알겠지?"

(1)( )　　(2)( )　　(3)( )　　(4)( )　　(5)( )

(6)( )　　(7)( )　　(8)( )　　(9)( )　　(10)( )

[문제 11~25] 다음 漢字(한자)의 訓(훈: 뜻)과 音(음: 소리)을 쓰세요.

(11)東( )　　(12)民 ( )　　(13)女( )

(14)學( )　　(15)月( )　　(16)父( )

(17)生( )　　(18)萬( )　　(19)年( )

(20)青( )　　(21)五( )　　(22)水( )

(23)西( )　　(24)先( )　　(25)軍(

[문제 26~40] 다음 말에 알맞은 漢字(한자)를 보기에서 찾아 그 번호를 쓰세요.

┤ 보기 ├

① 王　② 白　③ 中　④ 九　⑤ 小　⑥ 月　⑦ 母　⑧ 北

⑨ 門　⑩ 韓　⑪ 學　⑫ 十　⑬ 敎　⑭ 室　⑮ 木

(26)아홉(　　　)　　(27)나무(　　　)　　(28)북녘(　　　)

(29)어머니(　　　)　(30)한국(　　　)　　(31)집/방(　　　)

(32)희다(　　　)　　(33)임금(　　　)　　(34)배우다(　　　)

(35)열(　　　)　　　(36)가운데(　　　)　(37)작다(　　　)

(38)달(　　　)　　　(39)가르치다(　　　)　(40)문(　　　)

[문제 41~48] 밑줄 친 漢字語(한자어)의 讀音(독음: 읽는 소리)을 쓰세요.

(41)이웃<u>四寸</u>　　[　　　]　　(42)<u>兄弟</u>자매　　[　　　]

(43)선덕 <u>女王</u>　　[　　　]　　(44)<u>大學</u> 졸업　　[　　　]

(45)<u>生日</u> 선물　　[　　　]　　(46)<u>金九</u> 선생　　[　　　]

(47)천년<u>萬年</u>　　[　　　]　　(48)담임 <u>先生</u>　　[　　　]

[문제 49~50] 각 漢字(한자)의 진하게 표시한 획은 몇 번째에 쓰는지 아라비아 숫자로 나타내 보세요.

49. 父 ◯　　　50. 五 ◯

족집게 모의고사

[문제 1~18] 다음 글을 읽고, 각 漢字語(한자어)와 한자의 讀音(독음: 읽는 소리)을 아래의 (   ) 안에 쓰세요.

신라 제 ⁽¹⁾二十七대 임금인 선덕 ⁽²⁾女王은 진평왕의 ⁽³⁾長女로 태어났다. 성은 ⁽⁴⁾金이고, 이름은 덕만이다. ⁽⁵⁾父母님이 모두 왕족이고 남자 ⁽⁶⁾兄弟가 없어 딸이지만 왕위에 오르게 되었다. 우리 ⁽⁷⁾民族이 세운 나라 ⁽⁸⁾中에서 여자가 왕위에 오른 첫번째 ⁽⁹⁾人물이다. 그녀는 ⁽¹⁰⁾中國 당나라에 ⁽¹¹⁾學生들을 유학 보내고, 황룡사 ⁽¹²⁾九층 ⁽¹³⁾木탑을 세우는 등 ⁽¹⁴⁾敎육과 예술 발전에 큰 관심을 기울였다. 자신이 몇 ⁽¹⁵⁾年 몇 ⁽¹⁶⁾月 며칠에 죽을 것이라고 예언한 대로 죽었다고 하며, ⁽¹⁷⁾四寸 동생인 진덕 여왕이 그녀의 뒤를 이어 제 이십⁽¹⁸⁾八대 임금이 되었다.

(1)(   )   (2)(   )   (3)(   )   (4)(   )   (5)(   )

(6)(   )   (7)(   )   (8)(   )   (9)(   )   (10)(   )

(11)(   )   (12)(   )   (13)(   )   (14)(   )   (15)(   )

(16)(   )   (17)(   )   (18)(   )

[문제 19~20] 각 漢字(한자)의 진하게 표시한 획은 몇 번째에 쓰는지 아라비아 숫자로 나타내 보세요.

19.   20.

[문제 21~35] 다음 漢字(한자)의 訓(훈: 뜻)과 音(음: 소리)을 쓰세요.

(21)西(　　　　)　　(22)校(　　　　)　　(23)白(　　　　)

(24)萬(　　　　)　　(25)外(　　　　)　　(26)大(　　　　)

(27)水(　　　　)　　(28)土(　　　　)　　(29)五(　　　　)

(30)韓(　　　　)　　(31)門(　　　　)　　(32)八(　　　　)

(33)山(　　　　)　　(34)王(　　　　)　　(35)長(　　　　)

[문제 36~50] 다음 訓(훈: 뜻)과 音(음: 소리)에 해당하는 한자, 밑줄 친 말에 알맞은 한자를 보기에서 찾아 그 번호를 (　　　) 안에 쓰세요.

┤ 보기 ├

① 年　② 日　③ 外　④ 軍　⑤ 火　⑥ 月　⑦ 母　⑧ 北
⑨ 六　⑩ 民　⑪ 金　⑫ 土　⑬ 水　⑭ 室　⑮ 學

(36)군사 군(　　　　)　　(37)쇠 금(　　　　)　　(38)물 수(　　　　)

(39)어미 모(　　　　)　　(40)바깥 외(　　　　)　　(41)해 년(　　　　)

(42)여섯 륙(　　　　)　　(43)백성 민(　　　　)　　(44)달 월(　　　　)

(45)배울 학(　　　　)　　(46)북녘 북(　　　　)　　(47)집 실(　　　　)

(48)봄이 되자 <u>흙</u> 속에서 파릇파릇한 새싹이 돋아났다.　(　　　　)

(49)소방차가 달려가는 것을 보니 어디 <u>불</u>이 난 모양이다.　(　　　　)

(50)오늘은 스승의 <u>날</u>이다.　(　　　　)

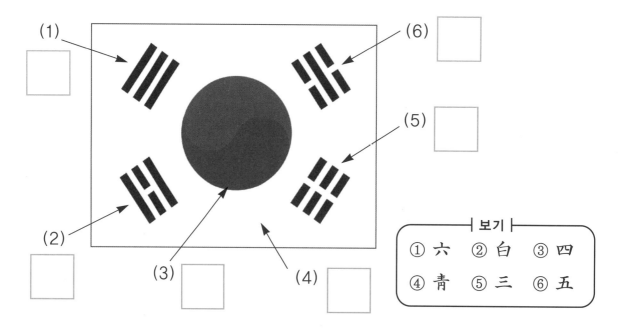

족집게 모의고사

No.3

[문제 1~6] 화살표가 가리키는 것에 가장 어울리는 색깔 및 검정 막대의 수와 관계있는 漢字(한자)를 보기에서 찾아 그 번호를 쓰세요.

(1) □

(6) □

(5) □

(2)

(3) □   (4) □

┤ 보기 ├
① 六   ② 白   ③ 四
④ 靑   ⑤ 三   ⑥ 五

[문제 7~18] 다음 漢字(한자)의 訓(훈: 뜻)과 音(음: 소리)을 쓰세요.

(7)韓(   )   (8)寸(   )   (9)山(   )

(10)校(   )   (11)萬(   )   (12)父(   )

(13)先(   )   (14)木(   )   (15)民(   )

(16)大(   )   (17)中(   )   (18)軍(   )

[문제 19~20] 각 漢字(한자)의 진하게 표시한 획은 몇 번째에 쓰는지 아라비아 숫자로 나타내 보세요.

19. 小 ◯   20. 東 ◯

[문제 21~30] 밑줄 친 漢字語(한자어)의 讀音(독음: 읽는 소리)을 쓰세요.

(21)십중八九　[　　　]　　(22)生年월일　[　　　]

(23)國軍의 날　[　　　]　　(24)고등學生　[　　　]

(25)父母 형제　[　　　]　　(26)東西고금　[　　　]

(27)방과후 學校　[　　　]　　(28)國民 투표　[　　　]

(29)母女 사이　[　　　]　　(30)장남 長女　[　　　]

[문제 31~50] 다음 訓(훈: 뜻)과 音(음: 소리)에 해당하는 한자, 밑줄 친 말에 알맞은 한자를 보기에서 찾아 그 번호를 (　　) 안에 쓰세요.

┤ 보기 ├

① 國　② 靑　③ 二　④ 年　⑤ 火　⑥ 月　⑦ 東　⑧ 敎　⑨ 大　⑩ 中
⑪ 西　⑫ 土　⑬ 十　⑭ 寸　⑮ 一　⑯ 萬　⑰ 父　⑱ 白　⑲ 日　⑳ 山

(31)해 년(　　)　　(32)나라 국(　　)　　(33)불 화(　　)

(34)아비 부(　　)　　(35)마디 촌(　　)　　(36)큰 대(　　)

(37)일만 만(　　)　　(38)가운데 중(　　)　　(39)메 산(　　)

(40)가르칠 교(　　)　　(41)열 십(　　)　　(42)흙 토(　　)

(43~44)일구이언이란 한 입으로 두 말 한다는 뜻. (　　)(　　)

(45~46)일취월장이란 날로 달로 발전함을 이른다. (　　)(　　)

(47~48)동문서답은 물음과는 상관없는 엉뚱한 대답. (　　)(　　)

(49~50)청군 이겨라 백군 이겨라. (　　)(　　)

족집게 모의고사

[문제 1~15] 다음 글을 읽고, 각 漢字語(한자어)와 한자의 讀音(독음: 읽는 소리)을 아래의 ( ) 안에 쓰세요.

나는 초등학교 2 ⁽¹⁾學年입니다. 이다음에 나라를 지키는 ⁽²⁾軍人이 되고 싶습니다. ⁽³⁾兄은 내년에 ⁽⁴⁾中學生이 되는데 교육 ⁽⁵⁾大學을 졸업하고 ⁽⁶⁾先生님이 되겠답니다. ⁽⁷⁾中小 기업 기획 ⁽⁸⁾室長이신 아버지는 ⁽⁹⁾外國 출장이 잦습니다. 특히 ⁽¹⁰⁾日본, ⁽¹¹⁾中國, 베트남과 필리핀 같은 ⁽¹²⁾東南아시아에 자주 가십니다. 다음 달에는 ⁽¹³⁾北아메리카의 캐나다와 미국으로 가신답니다. 가정주부이신 어머니는 ⁽¹⁴⁾靑바지를 즐겨 입으시며 등 ⁽¹⁵⁾山을 좋아하십니다.

(1)(   )　(2)(   )　(3)(   )　(4)(   )　(5)(   )

(6)(   )　(7)(   )　(8)(   )　(9)(   )　(10)(   )

(11)(   )　(12)(   )　(13)(   )　(14)(   )　(15)(   )

[문제 16~27] 다음 漢字(한자)의 訓(훈: 뜻)과 흠(음: 소리)을 쓰세요.

(16)中(   )　(17)西(   )　(18)九(   )

(19)玉(   )　(20)年(   )　(21)校(   )

(22)敎(   )　(23)水(   )　(24)土(   )

(25)二(   )　(26)寸(   )　(27)人(   )

[문제 28~39] 다음 말에 알맞은 漢字(한자)를 보기에서 찾아 그 번호를 쓰세요.

┤ 보기 ├

① 寸　② 月　③ 先　④ 大　⑤ 室　⑥ 父
⑦ 金　⑧ 南　⑨ 門　⑩ 小　⑪ 民　⑫ 火

(28) 남녘 ( )　　(29) 불 ( )　　(30) 백성 ( )

(31) 집/방 ( )　　(32) 마디 ( )　　(33) 쇠 ( )

(34) 달 ( )　　(35) 문 ( )　　(36) 작다 ( )

(37) 크다 ( )　　(38) 아비 ( )　　(39) 먼저 ( )

[문제 40~47] 밑줄 친 漢字語(한자어)의 讀音(독음: 읽는 소리)을 쓰세요.

(40) 경제 大國 [　　　]　　(41) 一日 찻집 [　　　]

(42) 學父兄 모임 [　　　]　　(43) 大韓 해협 [　　　]

(44) 韓日 관계 [　　　]　　(45) 구사 一生 [　　　]

(46) 노래 敎室 [　　　]　　(47) 門中 회의 [　　　]

[문제 48~50] 각 漢字(한자)의 진하게 표시한 획은 몇 번째에 쓰는지 아라비아 숫자로 나타내 보세요.

48. 長 ( )　　49. 北 ( )　　50. 玉 ( )

족집게 모의고사

[문제 1~15] 다음 訓(훈: 뜻)과 音(음: 소리)에 해당하는 漢字(한자)를 보기에서 찾아 그 번호를 쓰세요.

┤ 보기 ├
① 民 ② 白 ③ 長 ④ 生 ⑤ 二 ⑥ 人 ⑦ 學 ⑧ 年
⑨ 木 ⑩ 七 ⑪ 南 ⑫ 水 ⑬ 山 ⑭ 一 ⑮ 弟

(1)한 일(   )   (2)배울 학(   )   (3)나무 목(   )

(4)긴 장(   )   (5)두 이(   )   (6)백성 민(   )

(7)해 년(   )   (8)일곱 칠(   )   (9)물 수(   )

(10)흰 백(   )   (11)사람 인(   )   (12)아우 제(   )

(13)남녘 남(   )   (14)메 산(   )   (15)날 생(   )

[문제 16~29] 밑줄 친 漢字語(한자어)의 讀音(독음: 읽는 소리)을 쓰세요.

(16)전문 大學 [   ]   (17)外國 사람 [   ]

(18)青山유수 [   ]   (19)校長 선생님 [   ]

(20)韓中 회담 [   ]   (21)진경山水 [   ]

(22)남남北女 [   ]   (23)女人 천하 [   ]

(24)國軍 장병 [   ]   (25)一日 여삼추 [   ]

(26)西山 대사 [   ]   (27)작심三日 [   ]

(28)이종 四寸 [   ]   (29)萬一 의 경우 [   ]

[문제 30~31] 각 漢字(한자)의 진하게 표시한 획은 몇 번째에 쓰는지 아라비아 숫자로 나타내 보세요.

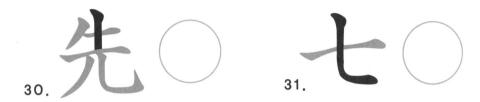

30. 先 ◯   31. 七 ◯

[문제 32~38] 다음 밑줄 친 말에 알맞은 漢字(한자)를 보기에서 찾아 그 번호를 쓰세요.

| 보기 | ① 長 ② 人 ③ 東 ④ 寸 ⑤ 軍 ⑥ 弟 ⑦ 中 ⑧ 大

(32)강 가운데 보트가 떠 있다. (　　　)

(33)동쪽에서 아침 해가 떠올랐다. (　　　)

(34)'형만 한 아우 없다'는 속담이 있다. (　　　)

(35)사람 위에 사람 없고, 사람 밑에 사람 없다. (　　　)

(36)코끼리는 코가 길고, 원숭이는 꼬리가 길다. (　　　)

(37)대나무의 줄기는 꼿꼿하고 속이 비었으며 마디가 있다. (　　　)

(38)계백 장군은 군사 오천을 이끌고 황산벌에서 신라군과 싸웠다. (　　　)

[문제 39~50] 다음 漢字(한자)의 訓(훈: 뜻)과 音(음: 소리)을 쓰세요.

(39)八(　　　)　　(40)室(　　　)　　(41)西(　　　)

(42)金(　　　)　　(43)日(　　　)　　(44)敎(　　　)

(45)門(　　　)　　(46)火(　　　)　　(47)北(　　　)

(48)韓(　　　)　　(49)四(　　　)　　(50)萬(　　　)

한자 게임 모범 답안

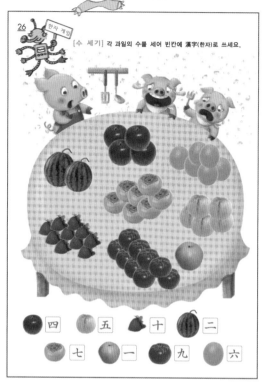

▲26쪽

▲27쪽

▲40쪽

▲41쪽

▲54쪽

▲55쪽

▲66쪽

▲67쪽

▲80쪽

▲81쪽

꼼꼼히 확인해요

모범 답안

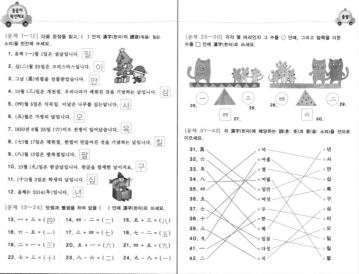

[문제 1~12] 다음 문장을 읽고, ( ) 안의 漢字(한자)의 讀音(독음: 읽는 소리)을 빈칸에 쓰세요.

1. 음력 (一)월 1일은 설날입니다. 일
2. 십(二)월 25일은 크리스마스입니다. 이
3. 그날 (萬)년필을 선물받았습니다. 만
4. 10월 (三)일은 개천절, 우리나라가 세워진 것을 기념하는 날입니다. 삼
5. (四)월 5일은 식목일, 이날은 나무를 심는답니다. 사
6. (五)월은 가정의 달입니다. 오
7. 1950년 6월 25일 (六)이오 전쟁이 일어났습니다. 육
8. (七)월 17일은 제헌절, 헌법이 만들어진 것을 기념하는 날입니다. 칠
9. (八)월 15일은 광복절입니다. 팔
10. 10월 (九)일은 한글날입니다, 한글을 창제한 날이지요. 구
11. (十)월 3일은 학생의 날입니다. 십
12. 올해는 2014(年)입니다. 년

[문제 13~24] 덧셈과 뺄셈을 하여 답을 ( ) 안에 漢字(한자)로 쓰세요.

13. 一 + 三 = (四) 14. 四 - 二 = (二) 15. 五 + 三 = (八)
16. 六 - 五 = (一) 17. 三 + 四 = (七) 18. 七 - 二 = (五)
19. 二 + 一 = (三) 20. 五 + 一 = (六) 21. 四 + 五 = (九)
22. 七 + 三 = (十) 23. 八 - 六 = (二) 24. 九 - 八 = (一)

[문제 25~30] 각각 별 머리인지 그 수를 ○ 안에, 그리고 양쪽을 더한 수를 □ 안에 漢字(한자)로 쓰세요.

25. 一 26. 三 28. 四 29. 二
27. 四 30. 六

[문제 31~42] 각 漢字(한자)에 해당하는 訓(훈: 뜻)과 音(음: 소리)을 선으로 이으세요.

31. 萬
32. 六
33. 年
34. 八
35. 四
36. 五
37. 七
38. 十
39. 三
40. 九
41. 一
42. 二

년 / 사 / 만 / 십 / 육 / 구 / 삼 / 이 / 오 / 일 / 칠 / 팔

아홉 / 열 / 여덟 / 일만 / 여섯 / 두 / 한 / 해 / 일곱 / 다섯 / 석

▲28~29쪽

▼42~43쪽

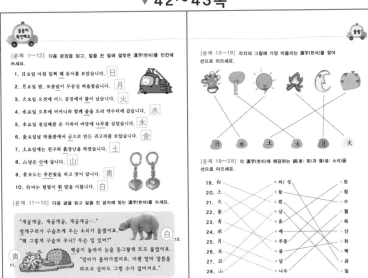

[문제 1~12] 다음 문장을 읽고, 밑줄 친 말에 알맞은 漢字(한자)를 빈칸에 쓰세요.

1. 日요일 아침 일찍 해 돋이를 보았습니다. 日
2. 月요일 밤, 보름달이 두둥실 떠올랐습니다. 月
3. 火요일 오전에 어느 공장에서 불이 났습니다. 火
4. 水요일 오후에 어머니와 함께 물을 뜨러 약수터에 갔습니다. 水
5. 木요일 점심때쯤 온 가족이 마당에 나무를 심었습니다. 木
6. 金요일날 박물관에서 금으로 만든 귀고리를 보았습니다. 金
7. 土요일에는 친구와 흙장난을 하였습니다. 土
8. 山양은 산에 삽니다. 山
9. 솔로도는 푸른빛을 띠고 깊이 답니다. 靑
10. 타마는 빛빛의 흰 말을 이릅니다. 白

[문제 11~12] 다음 글을 읽고 밑줄 친 글자에 맞는 漢字(한자)를 쓰세요.

"개굴개굴, 개굴개굴, 개굴개굴…".
청개구리가 구슬프게 우는 소리가 들렸어요. 白 12.
"왜 그렇게 구슬피 우니? 무슨 일이 있어?"
빨곰이 놀라서 눈을 동그랗게 뜨고 물었어요. 靑 11.
"엄마가 돌아가셨어요. 이젠 엄마 말을 따르고 싶어도 그럴 수가 없어서요."

[문제 13~18] 각각의 그림에 가장 어울리는 漢字(한자)를 찾아 선으로 이으세요.

日　水　土　木　月　火

[문제 19~28] 각 漢字(한자)에 해당하는 訓(훈: 뜻)과 音(음: 소리)을 선으로 이으세요.

19. 白 — 쇠/성 — 토
20. 土 — 불 — 청
21. 火 — 흰 — 수
22. 金 — 날 — 월
23. 靑 — 흙 — 목
24. 水 — 메 — 산
25. 月 — 푸를 — 화
26. 木 — 물 — 백
27. 日 — 달 — 금
28. 山 — 나무 — 일

▼56쪽

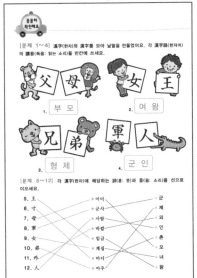

[문제 1~4] 漢字(한자)와 漢字를 모아 낱말을 만들었어요. 각 漢字語(한자어)의 讀音(독음: 읽는 소리)을 빈칸에 쓰세요.

父 母 / 女 王 / 兄 弟 / 軍 人

1. 부모　2. 여왕　3. 형제　4. 군인

[문제 5~12] 각 漢字(한자)에 해당하는 訓(훈: 뜻)과 音(음: 소리)을 선으로 이으세요.

5. 王 — 어미 — 군
6. 寸 — 군사 — 제
7. 母 — 사람 — 외
8. 軍 — 바깥 — 인
9. 兄 — 임금 — 촌
10. 弟 — 계집 — 모
11. 外 — 마디 — 녀
12. 人 — 아우 — 왕

▼57쪽

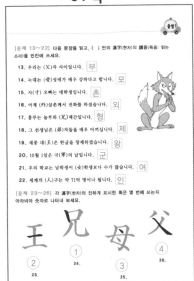

[문제 13~22] 다음 문장을 읽고, ( ) 안의 漢字(한자)의 讀音(독음: 읽는 소리)을 빈칸에 쓰세요.

13. 우리는 (父)자 사이입니다. 부
14. 늑대는 (母)성이 매우 강하다고 합니다. 모
15. 사(寸) 오빠는 대학생입니다. 촌
16. 어제 (外)삼촌께서 전화를 하셨습니다. 외
17. 흥부는 놀부와 (兄)제간입니다. 형
18. 그 선생님은 (弟)자들을 매우 아끼십니다. 제
19. 세종 (王)은 한글을 창제하셨습니다. 왕
20. 10월 1일은 국 (軍)의 날입니다. 군
21. 우리 학교는 남학생이 (女)학생보다 수가 많습니다. 여
22. 세계의 (人)구는 약 71억 명이나 됩니다. 인

[문제 23~28] 각 漢字(한자)의 진하게 표시된 획은 몇 번째 쓰는지 아라비아 숫자로 나타내 보세요.

王 ② — 兄 ① — 母 ③ — 父 ④

▼68~69쪽

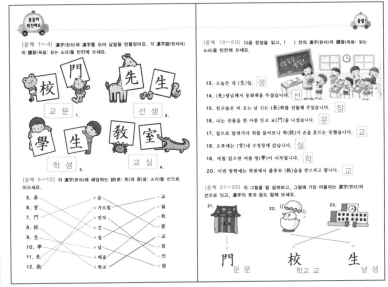

[문제 1~4] 漢字(한자)와 漢字를 모아 낱말을 만들었어요. 각 漢字語(한자어)의 讀音(독음: 읽는 소리)을 빈칸에 쓰세요.

校 門 / 先 生 / 學 生 / 教 室

1. 교문　선생　학생　교실

[문제 5~12] 각 漢字(한자)에 해당하는 訓(훈: 뜻)과 音(음: 소리)을 선으로 이으세요.

5. 長 — 문 — 교
6. 室 — 가르칠 — 실
7. 門 — 먼저 — 학
8. 校 — 긴 — 문
9. 生 — 집 — 교
10. 學 — 날 — 장
11. 先 — 배울 — 선
12. 教 — 학교 — 생

[문제 13~20] 다음 문장을 읽고, ( ) 안의 漢字(한자)의 讀音(독음: 읽는 소리)을 빈칸에 쓰세요.

13. 오늘은 내 (生)일. 생
14. (先)생님께서 동화책을 주셨습니다. 선
15. 친구들은 비 오는 날 신는 (長)화를 선물해 주었습니다. 장
16. 나는 선물을 한 아름 안고 교(門)을 나섰습니다. 문
17. 집으로 달려가다 뒤를 돌아보니 학(校)이 손을 흔드는 듯했습니다. 교
18. 오후에는 (室)내 수영장에 갔습니다. 실
19. 며칠 있으면 여름 방(學)이 시작됩니다. 학
20. 이번 방학에는 학원에서 플루트 (教)습을 받으려고 합니다. 교

[문제 21~23] 각 그림을 잘 살펴보고, 그림에 가장 어울리는 漢字(한자)와 선으로 잇고, 漢字의 뜻과 음도 말해 보세요.

21. 門 문 문 — 22. 校 학교 교 — 23. 生 날 생

▲82~83쪽

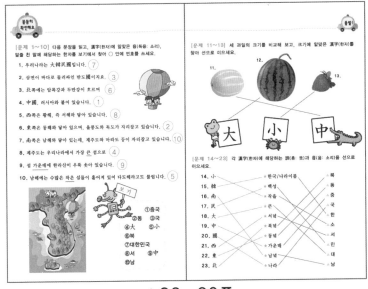

[문제 1~10] 다음 문장을 읽고, 漢字(한자)에 알맞은 음(독음: 소리), 밑줄 친 말에 해당하는 한자를 보기에서 찾아 ○ 안에 번호를 쓰세요.

1. 우리나라는 大韓民國입니다. ⑦
2. 삼면이 바다로 둘러싸인 반도國이지요. ③
3. 北쪽에는 압록강과 두만강이 흐르며 ⑥
4. 中國, 러시아와 닿아 있습니다. ①
5. 西쪽은 황해, 즉 서해와 닿아 있습니다. ⑧
6. 東쪽은 동해와 닿아 있으며, 울릉도와 독도가 자리하고 있습니다. ②
7. 南쪽은 남해와 닿아 있는데, 제주도와 마라도 등이 자리잡고 있습니다. ⑩
8. 제주도는 우리나라에서 가장 큰 섬으로 ④
9. 섬 가운데에 한라산이 우뚝 솟아 있습니다. ⑨
10. 남해에는 수많은 작은 섬들이 흩어져 있어 다도해라고도 불립니다. ⑤

보기
①중국 ②동 ③국 ④大 ⑤民 ⑥북 ⑦대한민국 ⑧서 ⑨中 ⑩남

[문제 11~13] 세 과일의 크기를 비교해 보고, 크기에 알맞은 漢字(한자)를 찾아 선으로 이으세요.

11. — 12. — 13.
大 小 中

[문제 14~23] 각 漢字(한자)에 해당하는 訓(훈: 뜻)과 音(음: 소리)을 선으로 이으세요.

14. 小 — 한국/나라이름 — 북
15. 韓 — 백성 — 동
16. 南 — 작을 — 국
17. 民 — 큰 — 한
18. 大 — 서녘 — 소
19. 中 — 북녘 — 서
20. 國 — 동녘 — 민
21. 東 — 가운데 — 대
22. 東 — 남녘 — 남
23. 北 — 나라 — 남

[No.1]

(1)촌 (2)삼 (3)외 (4)부 (5)모 (6)일 (7)형 (8)제 (9)이 (10)사
(11)동녘 동 (12)백성 민 (13)계집 녀 (14)배울 학 (15)달 월 (16)아비 부 (17)날 생
(18)일만 만 (19)해 년 (20)푸를 청 (21)다섯 오 (22)물 수 (23)서녘 서 (24)먼저 선 (25)군사 군
(26)4 (27)15 (28)8 (29)7 (30)10 (31)14 (32)2 (33)1 (34)11 (35)12 (36)3 (37)5 (38)6 (39)13 (40)9
(41)사촌 (42)형제 (43)여왕 (44)대학 (45)생일 (46)김구 (47)만년 (48)선생 (49)2 (50)3

[No.2]

(1)이십칠 (2)여왕 (3)장녀 (4)김 (5)부모 (6)형제 (7)민 (8)중 (9)인 (10)중국 (11)학생 (12)구 (13)목
(14)교 (15)년 (16)월 (17)사촌 (18)팔
(19)4 (20)4
(21)서녘 서 (22)학교 교 (23)흰 백 (24)일만 만 (25)바깥 외 (26)큰 대 (27)물 수 (28)흙 토
(29)다섯 오 (30)한국 한 (31)문 문 (32)여덟 팔 (33)메 산 (34)임금 왕 (35)긴 장
(36)4 (37)11 (38)13 (39)7 (40)3 (41)1 (42)9 (43)10 (44)6 (45)15 (46)8 (47)14 (48)12 (49)5 (50)2

[No.3]

(1)5 (2)3 (3)4 (4)2 (5)1 (6)6
(7)한국 한 (8)마디 촌 (9)메 산 (10)학교 교 (11)일만 만 (12)아비 부 (13)먼저 선 (14)나무 목
(15)백성 민 (16)큰 대 (17)가운데 중 (18)군사 군   (19)1 (20)4
(21)팔구 (22)생년 (23)국군 (24)학생 (25)부모 (26)동서 (27)학교 (28)국민 (29)모녀 (30)장녀
(31)4 (32)1 (33)5 (34)17 (35)14 (36)9 (37)16 (38)10 (39)20 (40)8 (41)13 (42)12 (43)15 (44)3
(45)19 (46)6 (47)7 (48)11 (49)2 (50)18

[No.4]

(1)학년 (2)군인 (3)형 (4)중학생 (5)대학 (6)선생 (7)중소 (8)실장 (9)외국 (10)일 (11)중국 (12)동남
(13)북 (14)청 (15)산
(16)가운데 중 (17)서녘 서 (18)아홉 구 (19)임금 왕 (20)해 년 (21)학교 교 (22)가르칠 교
(23)물 수 (24)흙 토 (25)두 이 (26)마디 촌 (27)사람 인
(28)8 (29)12 (30)11 (31)5 (32)1 (33)7 (34)2 (35)9 (36)10 (37)4 (38)6 (39)3
(40)대국 (41)일일 (42)학부형 (43)대한 (44)한일 (45)일생 (46)교실 (47)문중   (48)7 (49)4 (50)2

[No.5]

(1)14 (2)7 (3)9 (4)3 (5)5 (6)1 (7)8 (8)10 (9)12 (10)2 (11)6 (12)15 (13)11 (14)13 (15)4
(16)대학 (17)외국 (18)청산 (19)교장 (20)한중 (21)산수 (22)북녀 (23)여인 (24)국군 (25)일일
(26)서산 (27)삼일 (28)사촌 (29)만일   (30)3 (31)2
(32)7 (33)3 (34)6 (35)2 (36)1 (37)4 (38)5
(39)여덟 팔 (40)집 실 (41)서녘 서 (42)쇠 금 (43)날 일 (44)가르칠 교 (45)문 문 (46)불 화
(47)북녘 북 (48)한국 한 / 나라이름 한 (49)넉 사 (50)일만 만

합격을 위한 실전시험 정답

(1)서 (2)동 (3)남 (4)국 (5)육 (6)이 (7)오 (8)군 (9)형 (10)제
(11)10 (12)2 (13)6 (14)1 (15)7 (16)8 (17)3 (18)4 (19)9 (20)5
(21)9 (22)10 (23)4 (24)2 (25)1 (26)6 (27)7 (28)5 (29)3 (30)8
(31)9 (32)4 (33)10 (34)5 (35)6 (36)3 (37)1 (38)2 (39)7 (40)8
(41)4 (42)1 (43)5 (44)3 (45)8 (46)7 (47)2 (48)6   (49)6 (50)2

(1)십 (2)구 (3)대 (4)서 (5)북 (6)남 (7)토 (8)삼 (9)국 (10)중
(11)4 (12)5 (13)1 (14)9 (15)10 (16)3 (17)2 (18)6 (19)8 (20)7
(21)6 (22)1 (23)9 (24)8 (25)10 (26)3 (27)7 (28)4 (29)5 (30)2
(31)계집 녀 (32)일곱 칠 (33)아우 제 (34)작을 소 (35)긴 장 (36)메 산 (37)여섯 륙 (38)넉 사
(39)군사 군 (40)한국 한
(41)3 (42)4 (43)1 (44)2   (45)3 (46)4 (47)2 (48)1   49)7 (50)3

(1)대 (2)한 (3)민 (4)국 (5)삼 (6)북 (7)백 (8)남 (9)산 (10)화
(11)10 (12)3 (13)9 (14)8 (15)5 (16)6 (17)4 (18)1 (19)2 (20)7
(21)5 (22)1 (23)4 (24)7 (25)10 (26)3 (27)6 (28)8 (29)2 (30)9
(31)푸를 청 (32)다섯 오 (33)학교 교 (34)날 생 (35)한 일 (36)배울 학 (37)아우 제 (38)열 십
(39)계집 녀 (40)여덟 팔
(41)1 (42)4 (43)2 (44)3   (45)1 (46)4 (47)3 (48)2   (49)7 (50)6

(1)사 (2)촌 (3)여 (4)대 (5)생 (6)학 (7)외 (8)년 (9)중 (10)국
(11)9 (12)4 (13)3 (14)6 (15)5 (16)10 (17)8 (18)7 (19)1 (20)2
(21)3 (22)1 (23)5 (24)2 (25)8 (26)4 (27)6 (28)7 (29)9 (30)10
(31)7 (32)2 (33)8 (34)9 (35)10 (36)6 (37)5 (38)4 (39)1 (40)3
(41)7 (42)6 (43)4 (44)2 (45)1 (46)3 (47)8 (48)5   (49)3 (50)2

(1)사 (2)오 (3)목 (4)생 (5)외 (6)수 (7)실 (8)김 (9)교 (10)장
(11)2 (12)8 (13)9 (14)6 (15)7 (16)10 (17)4 (18)5 (19)1 (20)3
(21)5 (22)6 (23)2 (24)3 (25)1 (26)4 (27)8 (28)7 (29)10 (30)9
(31)한 일 (32)남녘 남 (33)일만 만 (34)해 년 (35)배울 학 (36)가르칠 교 (37)어미 모 (38)석 삼
(39)마디 촌 (40)푸를 청
(41)3 (42)1 (43)2 (44)4   (45)3 (46)2 (47)4 (48)1   (49)5 (50)7

우아~

나도 풀어 볼까?

자, 실제로
시험을 보듯이
침착하게
풀어 보세요.

문제지와
답안지를 오려
또박또박 답을
쓰세요.

파이팅!
틀림없이 8급 시험
합격할 거예요.

[문제 1～10] 다음의 글을 읽고, (　　) 안에 있는 漢字(한자)의 讀音(독음: 읽는 소리)을 쓰세요.

보기 (音) → 음

[1] 터키는 아시아 (西)쪽 끝,

[2] 유럽의 (東)

[3] (南)쪽에 있는

[4] (國)가로

[5] (六)

[6] (二)

[7] (五) 전쟁 때 우리를 위해

[8] (軍)대를 보내 준

[9] (兄)

[10] (弟)의 나라입니다.

[문제 11～20] 다음 밑줄 친 말에 해당하는 漢字(한자)를 〈보기〉에서 찾아 그 번호를 쓰세요.

보기

① 八 ② 民 ③ 日 ④ 年 ⑤ 一
⑥ 王 ⑦ 人 ⑧ 學 ⑨ 中 ⑩ 國

[11] <u>나라</u>의 말이 중국 말과 달라

[12] <u>백성</u>들이 하고 싶은 말을 잘

[13] 못하는 것을 안 세종 <u>임금</u>은

[14] 이를 가없게 여겨 스물여덟 글자를 만들어 반포하였습니다.

[15] 모든 <u>사람</u>이

[16] 이 글자를 <u>배워</u>

[17] <u>날</u>마다 쓸 수 있게 하였지요.

[18] 그 <u>해</u>가 1446년입니다.

[19] 세계의 문자 <u>가운데</u> 이렇게

[20] 과학적이고 창의적인 문자는 한글 <u>하나</u>뿐입니다.

[문제 21～30] 다음 단어나 음(음: 소리)에 맞는 漢字(한자)를 〈보기〉에서 찾아 그 번호를 쓰세요.

보기

① 校 ② 小 ③ 兄 ④ 弟 ⑤ 月
⑥ 土 ⑦ 山 ⑧ 父 ⑨ 南 ⑩ 母

[21] 남

[22] 모

[23] 제

[24] 소

[25] 교

[26] 토

[27] 산

[28] 월

[29] 형

[30] 부

[문제 31~40] 다음 단어나 訓(훈: 뜻)에 맞는 漢字(한자)를 〈보기〉에서 찾아 그 번호를 쓰세요.

〈보기〉

① 寸 ② 十 ③ 萬 ④ 北 ⑤ 外
⑥ 長 ⑦ 七 ⑧ 韓 ⑨ 女 ⑩ 三

[31] 여자

[32] 북녘

[33] 셋

[34] 바깥

[35] 길다

[36] 일만

[37] 마디

[38] 열

[39] 일곱

[40] 한국/나라이름

[문제 41~48] 다음 漢字(한자)의 音(음: 소리)을 〈보기〉에서 찾아 그 번호를 쓰세요.

〈보기〉

① 화 ② 중 ③ 서 ④ 년 ⑤ 목
⑥ 륙 ⑦ 사 ⑧ 수

[41] 年

[42] 火

[43] 木

[44] 西

[45] 水

[46] 四

[47] 中

[48] 六

[문제 49~50] 다음 漢字(한자)의 진하게 표시한 획은 몇 번째 획인지 숫자(1-8)로 쓰세요.

[49]

[50]

[문제 1~10] 다음의 글을 읽고, (　　) 안에 있는 漢字(한자)의 讀音(독음: 읽는 소리)을 쓰세요.

보기　(音) → 음

[1] 고구려 제 (十)

[2] (九)대 왕인

[3] 광개토 (大)왕은

[4] (西)쪽으로 요동,

[5] (北)쪽으로 만주,

[6] (南)쪽으로 한강 아래까지

[7] 영(土)를 크게 넓혔습니다.

[8] 고구려, 백제, 신라의 (三)

[9] (國) 중 영토가 가장 넓었지요.

[10] (中)국과도 어깨를 겨뤘답니다.

[문제 11~20] 다음 밑줄 친 말에 해당하는 漢字(한자)를 〈보기〉에서 찾아 그 번호를 쓰세요.

보기

①國 ②年 ③白 ④一 ⑤靑
⑥女 ⑦人 ⑧大 ⑨金 ⑩日

[11] 누구나 한 벌쯤은

[12] 가지고 있는 청바지는

[13] 미국에서 생겨났습니다.

[14] 금을 캐는 광부들이

[15] 매일 입는 작업복이었지요.

[16] 요즘은 흰 셔츠에

[17] 청바지 차림의 소년

[18] 소녀,

[19] 대학생,

[20] 노인들도 많습니다.

[문제 21~30] 다음 단어나 음(음: 소리)에 맞는 漢字(한자)를 〈보기〉에서 찾아 그 번호를 쓰세요.

보기

①寸 ②火 ③民 ④二 ⑤金
⑥北 ⑦西 ⑧兄 ⑨大 ⑩萬

[21] 북녘　　　　[22] 촌

[23] 대　　　　[24] 형

[25] 만　　　　[26] 백성

[27] 서　　　　[28] 둘

[29] 금　　　　[30] 불

[문제 31~40] 다음 漢字(한자)의 訓(훈: 뜻)과 音(음: 소리)을 쓰세요.

> 보기 天 → 하늘 천

[31] 女

[32] 七

[33] 弟

[34] 小

[35] 長

[36] 山

[37] 六

[38] 四

[39] 軍

[40] 韓

[문제 41~44] 다음 漢字(한자)의 訓(훈: 뜻)을 〈보기〉에서 찾아 그 번호를 쓰세요.

> 보기
> ①아홉 ②물 ③나무 ④열

[41] 木

[42] 十

[43] 九

[44] 水

[문제 45~48] 다음 漢字(한자)의 音(음: 소리)을 〈보기〉에서 찾아 그 번호를 쓰세요.

> 보기
> ①외 ②왕 ③일 ④인

[45] 一

[46] 人

[47] 王

[48] 外

[문제 49~50] 다음 漢字(한자)의 진하게 표시한 획은 몇 번째 쓰는지 〈보기〉에서 찾아 그 번호를 쓰세요.

> 보기
> ①첫 번째 ②두 번째
> ③세 번째 ④네 번째
> ⑤다섯 번째 ⑥여섯 번째
> ⑦일곱 번째 ⑧여덟 번째
> ⑨아홉 번째 ⑩열 번째
> ⑪열한 번째

[49]

[50]

제1회 합격을 위한 실전시험 답안지

■사단법인 한국어문회 · 한국한자검정회 ■

수험번호 □□□ - □□ - □□□□   성명 □□□□

주민등록번호 □□□□□□ - □□□□□□□ *유성 싸인펜, 붉은색 필기구 사용 불가.

*답안지는 컴퓨터로 처리되므로 구기거나 더럽히지 마시고, 정답 칸 안에만 쓰십시오. 글씨가 채점란으로 들어오면 오답처리가 됩니다.

제   회 전국한자능력검정시험 8급 답안지(1) (시험시간 50분)

번호	답안란 정답	채점란 1검	채점란 2검	번호	답안란 정답	채점란 1검	채점란 2검
1				13			
2				14			
3				15			
4				16			
5				17			
6				18			
7				19			
8				20			
9				21			
10				22			
11				23			
12				24			

감독위원	채점위원(1)		채점위원(2)		채점위원(3)	
(서명)	(득점)	(서명)	(득점)	(서명)	(득점)	(서명)

가위로 오려 실제 시험처럼 풀어 보세요.   뒷면으로

*답안지는 컴퓨터로 처리되므로 구기거나 더럽히지 마시고, 정답 칸 안에만 쓰십시오.
글씨가 채점란으로 들어오면 오답처리가 됩니다.

제   회 전국한자능력검정시험 8급 답안지(2) (시험시간 50분)

번호	답안란 정답	채점란 1검	2검	번호	답안란 정답	채점란 1검	2검
25				38			
26				39			
27				40			
28				41			
29				42			
30				43			
31				44			
32				45			
33				46			
34				47			
35				48			
36				49			
37				50			

감독위원	채점위원(1)		채점위원(2)		채점위원(3)	
(서명)	(득점)	(서명)	(득점)	(서명)	(득점)	(서명)

제2회 합격을 위한 실전시험 답안지

■사단법인 한국어문회 · 한국한자검정회

수험번호 □□□ - □□ - □□□□   성명 □□□□

주민등록번호 □□□□□□ - □□□□□□□   *유성 싸인펜, 붉은색 필기구 사용 불가.

*답안지는 컴퓨터로 처리되므로 구기거나 더럽히지 마시고, 정답 칸 안에만 쓰십시오. 글씨가 채점란으로 들어오면 오답처리가 됩니다.

제 회 전국한자능력검정시험 8급 답안지(1) (시험시간 50분)

번호	답안란 정답	채점란 1검	채점란 2검	번호	답안란 정답	채점란 1검	채점란 2검
1				13			
2				14			
3				15			
4				16			
5				17			
6				18			
7				19			
8				20			
9				21			
10				22			
11				23			
12				24			

감독위원	채점위원(1)		채점위원(2)		채점위원(3)	
(서명)	(득점)	(서명)	(득점)	(서명)	(득점)	(서명)

가위로 오려 실제 시험처럼 풀어 보세요.   뒷면으로

제   회 전국한자능력검정시험 8급 답안지(2) (시험시간 50분)

번호	답안란 정답	채점란 1검	2검	번호	답안란 정답	채점란 1검	2검
25				38			
26				39			
27				40			
28				41			
29				42			
30				43			
31				44			
32				45			
33				46			
34				47			
35				48			
36				49			
37				50			

감독위원	채점위원(1)		채점위원(2)		채점위원(3)	
(서명)	(득점)	(서명)	(득점)	(서명)	(득점)	(서명)

제3회 합격을 위한 실전시험 답안지

■사단법인 한국어문회 · 한국한자검정회   ■

수험번호 □□□ - □□ - □□□□   성명 □□□□

주민등록번호 □□□□□□ - □□□□□□□   *유성 싸인펜, 붉은색 필기구 사용 불가.

*답안지는 컴퓨터로 처리되므로 구기거나 더럽히지 마시고, 정답 칸 안에만 쓰십시오. 글씨가 채점란으로 들어오면 오답처리가 됩니다.

제   회 전국한자능력검정시험 8급 답안지(1) (시험시간 50분)

번호	답안란 정답	채점란 1검	채점란 2검	번호	답안란 정답	채점란 1검	채점란 2검
1				13			
2				14			
3				15			
4				16			
5				17			
6				18			
7				19			
8				20			
9				21			
10				22			
11				23			
12				24			

감독위원	채점위원(1)		채점위원(2)		채점위원(3)	
(서명)	(득점)	(서명)	(득점)	(서명)	(득점)	(서명)

*답안지는 컴퓨터로 처리되므로 구기거나 더럽히지 마시고, 정답 칸 안에만 쓰십시오.
글씨가 채점란으로 들어오면 오답처리가 됩니다.

제   회 전국한자능력검정시험 8급 답안지(2) (시험시간 50분)

번호	정답 (답안란)	1검 (채점란)	2검	번호	정답 (답안란)	1검 (채점란)	2검
25				38			
26				39			
27				40			
28				41			
29				42			
30				43			
31				44			
32				45			
33				46			
34				47			
35				48			
36				49			
37				50			

감독위원	채점위원(1)		채점위원(2)		채점위원(3)	
(서명)	(득점)	(서명)	(득점)	(서명)	(득점)	(서명)

제4회 합격을 위한 실전시험 답안지

■사단법인 한국어문회 · 한국한자검정회

수험번호 □□□ - □□ - □□□□   성명 □□□□

주민등록번호 □□□□□□ - □□□□□□□   *유성 싸인펜, 붉은색 필기구 사용 불가.

*답안지는 컴퓨터로 처리되므로 구기거나 더럽히지 마시고, 정답 칸 안에만 쓰십시오. 글씨가 채점란으로 들어오면 오답처리가 됩니다.

제   회 전국한자능력검정시험 8급 답안지(1)   (시험시간 50분)

번호	정답	1검	2검	번호	정답	1검	2검
1				13			
2				14			
3				15			
4				16			
5				17			
6				18			
7				19			
8				20			
9				21			
10				22			
11				23			
12				24			

답안란 / 채점란 / 답안란 / 채점란

감독위원	채점위원(1)		채점위원(2)		채점위원(3)	
(서명)	(득점)	(서명)	(득점)	(서명)	(득점)	(서명)

■사단법인 한국어문회 · 한국한자검정회

*답안지는 컴퓨터로 처리되므로 구기거나 더럽히지 마시고, 정답 칸 안에만 쓰십시오.
글씨가 채점란으로 들어오면 오답처리가 됩니다.

제   회 전국한자능력검정시험 8급 답안지(2) (시험시간 50분)

번호	답안란 정답	채점란 1검	2검	번호	답안란 정답	채점란 1검	2검
25				38			
26				39			
27				40			
28				41			
29				42			
30				43			
31				44			
32				45			
33				46			
34				47			
35				48			
36				49			
37				50			

감독위원	채점위원(1)		채점위원(2)		채점위원(3)	
(서명)	(득점)	(서명)	(득점)	(서명)	(득점)	(서명)

제5회 합격을 위한 실전시험 답안지

■사단법인 한국어문회 · 한국한자검정회

수험번호 □□□ - □□ - □□□□   성명 □□□□

주민등록번호 □□□□□□ - □□□□□□□   *유성 싸인펜, 붉은색 필기구 사용 불가.

*답안지는 컴퓨터로 처리되므로 구기거나 더럽히지 마시고, 정답 칸 안에만 쓰십시오. 글씨가 채점란으로 들어오면 오답처리가 됩니다.

제   회 전국한자능력검정시험 8급 답안지(1)   (시험시간 50분)

번호	답안란 정답	채점란 1검	채점란 2검	번호	답안란 정답	채점란 1검	채점란 2검
1				13			
2				14			
3				15			
4				16			
5				17			
6				18			
7				19			
8				20			
9				21			
10				22			
11				23			
12				24			

감독위원	채점위원(1)		채점위원(2)		채점위원(3)	
(서명)	(득점)	(서명)	(득점)	(서명)	(득점)	(서명)

가위로 오려 실제 시험처럼 풀어 보세요.   뒷면으로

■사단법인 한국어문회 · 한국한자검정회

*답안지는 컴퓨터로 처리되므로 구기거나 더럽히지 마시고, 정답 칸 안에만 쓰십시오.
글씨가 채점란으로 들어오면 오답처리가 됩니다.

제　회 전국한자능력검정시험 8급 답안지(2)　(시험시간 50분)

번호	답안란 정답	채점란 1검	2검	번호	답안란 정답	채점란 1검	2검
25				38			
26				39			
27				40			
28				41			
29				42			
30				43			
31				44			
32				45			
33				46			
34				47			
35				48			
36				49			
37				50			

감독위원	채점위원(1)			채점위원(2)		채점위원(3)	
(서명)	(득점)	(서명)		(득점)	(서명)	(득점)	(서명)